시몬느
스토리

시몬느 스토리

유효상 지음

SIMONE

21세기북스

프롤로그

핸드백에 바쳐진 성전

2012년 7월, 서울 신사동 가로수 길에 세계에서 가장 큰 핸드백이 등장했다. 지하 5층, 지상 5층의 거대한 핸드백 모양의 이 건물은 사실 핸드백 제조회사 ㈜시몬느^{SIMONE}가 건립한 핸드백 박물관 '백스테이지^{Bagstage}'이다.

백스테이지의 개관을 앞두고 세계 유명 언론은 세계 최초의 핸드백 박물관 개관을 소개하며 찬사를 아끼지 않았다. 《뉴욕타임스^{New York Times}》는 '서울에 간다면 반드시 들러야 할 곳'으로 이곳을 소개했고, 영국의 《파이낸셜타임스^{Financial Times}》는 '핸드백에 바쳐진 성전'이라 칭송하며 이곳의 개관 소식을 알렸다.

백스테이지는 세계를 통틀어 최초이자 유일한 핸드백 박물관이다. 파리 샹젤리제 거리에 있는 루이뷔통^{Louis Vuitton} 매장처럼 개별 브랜드를 감상할 공간을 만든 회사는 있지만 핸드백의 역사를 볼 수 있는 박물관은 백스테이지가 유일하다. 이곳에 가면 현대 핸드백의 기원이라 할 수 있는 1550년대 이탈리아에서 제작된 '실크 주머니'에서 1998년에 생산된 시가 1억 원짜리 에르메스 '버킨백'까지 역사성과 상징성을 가진 다양한 핸드백들을 볼 수 있다.

핸드백 박물관이 다 지어질 무렵, 유럽의 봉제 산업 단지를 비롯한 해외 패션업계 종사자들은 시몬느의 박은관 회장에게 감사의 축전을 보내왔다. 자신들이 자국에서 해야 할 일을 시몬느가 해준 것에 감사하다는 의미였다. 그뿐만 아니다. 그들은 이구동성으로 "시몬느는 핸드백 박물관을 만들 자격이 충분하다"라고 말했다. 이쯤되면 한 가지 큰 의문이 들 수밖에 없다. 왜 세계 최초의 핸드백 박물관이 프랑스나 이탈리아의 봉제 산업 단지가 아니라 대한민국에 만들어진 것일까? 게다가 그들은 왜 패션 시장의 변방이라고 할 수 있는 한국에 핸드백 박물관이 들어선 것을 당연한 일로 여기는 것일까?

시몬느? 침대회사 아니에요?

시몬느는 유사한 이름의 침대회사가 먼저 떠오를 정도로 우리나라에선 잘 알려지지 않은 회사다. 그러나 해외 명품 핸드백 시장에서는 시몬느를 모르면 진정한 명품이라 할 수 없을 정도로 유명세를 떨치고 있다. 루이뷔통, 코치Coach, 마이클 코어스Michael Kors, 마크 제이콥스^{Marc Jcorbs}, DKNY, 겐조^{Kenzo}, 지방시^{Givenchy}, 버버리^{Burberry}, 셀린느^{Celine}, 로에베^{Loewe}, 케이트스페이드^{Kate Spade}, 폴로^{Polo} 같은 유명 브랜드 핸드백의 60% 이상을 시몬느에서 만들었다.

현재 시몬느는 핸드백 제조 분야에서 매출 세계 1위이다. 연간 약 1800만 개 이상의 명품 핸드백을 만들고 있으며, 2013년 핸드백 수출로 벌어들인 돈은 6억 4000만 달러(약 6900억 원)이다. 이는 실제 소비자에 판매되는 금액 기준으로는 6~7조 원에 이른다. 전 세계 명품시장 규모가 320조 원 정도이고, 그중 핸드백 시장규모가 67조 원 정도 된다는 사실을 고려하면, 전 세계 명품 핸드백 중 10% 이상 (유럽 럭셔리 핸드백의 5%, 미국 럭셔리 핸드백 시장의 30%)의 물량을 시몬느에서 만든다는 계산이 나온다. 즉, 지금 길거리에 보이는 명품 핸드백의 10%는 이 회사에서 만든 것이다.

유럽과 미국의 전유물처럼 여겨지던 명품 핸드백에 당당하게 'Made in Korea'를 새기기까지 크고 작은 난관들이 많았다. 하지만 시몬느의 박은관 회장은 제아무리 넓은 길도 처음은 늘 벽돌 한 장으로 시작됨을 알고 있었다. 그리고 누가 깔아놓은 넓고 편한 길을 걷기보다는 기왕이면 자신이 그 최초의 벽돌을 깐 개척자가 되고 싶었다.

그렇게 묵묵히 한 발 한 발 내디딘 결과, 시몬느는 핸드백 제조 분야에서 사상 유례가 없는 성과를 이루어냈다. OEM[Original Equipment Manufacturing](주문자 제품 제조)이 전부였던 1980년대 아시아 핸드백 제조 시장에서 사상 최초로 ODM[Original Development Manufacturing](주문을 의뢰받은 회사가 개발과 생산을 담당하는 방식) 업체로 변신했고, 이후 완제품 유통까지 담당하는 '풀 서비스 컴퍼니[Full Service Company]'로 성장했다. 해외 명품 브랜드의 핸드백을 기획하고 소재, 스타일, 디자인 등을 개발할 능력을 갖추어 노동집약적이었던 산업을 고부가가치 산업으로 발전시킨 것이다. 그 결과 경쟁사에 비해 평균 5% 비싼 가격에 납품하고 있지만, 수주물량은 매년 늘어만 가고 있다. 초고가 디자이너 컬렉션과 유럽 명품 핸드백 제작은 유럽에서만 가능하다는 통념도 깨고 '아시아 생산기지화'를 일구어낸 성과는 아무리 높은 점수를 주어도 부족해 보인다.

그동안 우리 기업들은 브랜드를 앞세운 외국 기업에 끌려다니는

PROLOGUE. 핸드백에 바쳐진 성전 **007**

경우가 많았다. 특히 일방적인 OEM 구조에서는 더욱 그랬다. 이런 수직구조 파트너십은 납품 가격 조정에서 일방적으로 손해를 보고, 기술경쟁력이 있어도 지적재산권 싸움에 밀려 도태될 가능성이 높다. 하지만 스스로 능력을 갖춘다면 부당한 수직구조를 정당한 수평구조로 바꿀 수 있다. 노력이 곧 힘이다. OEM에서 시작해 ODM으로, 그리고 풀 서비스 컴퍼니 시스템을 구축한 시몬느의 노력은 더 이상 수직구조가 아닌 브랜드 회사의 당당한 파트너로 성장하는 강력한 힘이 되어주었다.

시몬느는 자타가 공인하는 최고의 핸드백 제조회사이다. 핸드백 시장이 급격하게 팽창한 지난 27년 동안 시몬느는 전 세계를 통틀어 최고의 성장을 이루어냈다. 시몬느의 성공 뒤에는 '대한민국 제조업은 끝났다'던 1987년에 핸드백 제조업에 뛰어든 박은관 회장의 식견, 그리고 수십 년 동안 묵묵히 가방을 만들어온 그의 장인정신이 숨어 있다. 특히 유럽의 핸드백 제조 시장이 아시아로 넘어올 것을 예상해 아시아 벨트를 미리 준비한 과정은 아무도 하지 못한 엄청난 퍼포먼스로 평가받고 있다.

 어부들은 "물고기를 쫓아다니면 몇 마리 건지기도 힘들지만, 물고기가 다니는 목에 단단한 그물만 준비하면 수백 마리도 잡을 수 있다"고 말한다. 비즈니스도 마찬가지이다. 현재의 이익만을 좇는 편협한 시각에서 벗어나 앞으로 다가올 미래를 읽을 줄 알아야 성공할 수 있다.

 시몬느는 얼마 전 '0914'라는 브랜드를 런칭했다. 지난 27년간 쌓아온 명품 핸드백 제조 노하우를 기반으로 본격적인 OBM^{Original Brand Marketing}(자가 브랜드 판매) 회사로 변신을 시도한 것이다. '0914'는 한국에서 탄생하는 첫 명품 핸드백 브랜드인 만큼 박은관 회장은 가장 한국적인 것을 담기 위해 많은 전문가와 함께 고심하고 있다.

 명품 핸드백 제조회사로서 최고의 위치에 올라 안정적으로 그 길을 가고 있는 시몬느가 왜 굳이 브랜드를 만들려고 하느냐며 의아해하는 사람들도 있다. 그만큼 브랜드의 성공은 누구도 보장할 수 없는 모험이기 때문이다. 실패하면 큰돈을 잃고 이미지에 치명적인 흠이 생기는 쉽지 않은 일이다. 더군다나 시몬느는 지금 상태를 유지

해도 얼마든지 큰돈을 벌 수 있고, 해외에서 브랜드를 가져와도 쉽게 돈을 벌 수 있을 것이다. 하지만 시몬느는 그런 일은 하지 않을 것이다. 명품 핸드백 제조회사로서의 성공에 안주하기보다는 좀 더 가치 있는 도전을 통해 진정한 성취를 맛보고자 한다.

27년 전 시몬느가 명품 핸드백 제조 시장에 문을 열고 첫 도전장을 내밀었듯, 이제는 독자적인 명품 핸드백 브랜드로 세계 속에 시몬느를 알리고 한국을 알리려 한다. 묵묵히 무대 뒤에서 세계적인 명품들을 빛내줬던 지난 시간이 토양이 되어 이제는 당당히 무대 위로 올라와 스스로 빛나려는 것이다.

명품 브랜드는 유럽에서 처음 만들어졌고, 명품시장 역시 그들이 좌지우지해왔다. 그곳에 뛰어들어 27년 만에 시장의 중심에 선 시몬느는 "과연 한국에서 만든 제품이 세계적인 명품이 될 수 있을까?"라는 우문에 "Why not us?"라는 현답을 해온다. 그렇다! 안 될 이유는 없다. 나는 시몬느의 성공을 믿어 의심치 않는다. 그들에겐 당연히 그럴 자격이 있다. 성공의 주인은 따로 있지 않다. 남들이 우물

쭈물하며 망설이는 사이 먼저 발을 내딛고, 누구보다도 열심히 그 길을 가며, 당당히 자신만의 영역을 개척하는 자라면 그가 바로 성공의 주인이다.

2014년 4월 유효상

Simone story 02

대양을 읽는 자가 키를 잡을 수 있다

Simone story 03

순항의 비법은 따로 있다

Simone story 04

BACKSTAGE TO ONSTAGE

작은 거인의
거침없는 항해

Why not us ?

아무리 두드려도 열리지 않는 문이 있다면 어떻게 해야 할까? 답은 간단하다. 그냥 열고 들어가면 된다. 문을 여는 열쇠는 따로 있지 않다. 기어이 열고야 말겠다는 두둑한 배짱이 굳게 닫힌 문을 열게 하는 만능열쇠다. 1988년, 당시 세계 각국의 영부인들과 유명 앵커들이 옷이나 액세서리를 즐겨 구매하던 초고가 명품 브랜드 '도나 카란Donna Karan 뉴욕 컬렉션'에 핸드백 10개를 들고 당당히 문을 연 젊은이가 있었다. 명품 핸드백과는 거리가 먼 변방의 나라 대한민국에서 태어나 대학에서 독문학을 전공한, 그야말로 핸드백이나 명품과는 전혀 상관없는 삶을 살았던 남자! 그가 핸드백 30개에 사활을 걸고 철옹성과도 같았던 미국 명품시장의 문을 열어젖혔다. 그가 바로 시몬느의 회장 박은관이다.

'Top 브랜드를 잡아라!'

시몬느를 창업한 후 박은관은 스스로에게 커다란 과제를 하나 부여했다. 박은관은 시몬느를 창업하기 전 중저가 핸드백 제조업체인 '청산'에서 7년 동안 해외영업을 담당했다. 덕분에 유럽과 미국으로 출장을 많이 다녔고, 친구들도 많이 사귀었다. 박은관이 시몬느를 창업할 무렵 그들이 공통으로 했던 이야기는 "미국 브랜드를 잡으면 기회를 잡을 수 있다"는 것이었다. 의류로 세계 패션시장을 상악하기 시작한 미국 브랜드들이 이제 토털 브랜드로 성장할 시기가 되었으니 그 기회를 잡으라는 이야기였다.

물론 미국 브랜드도 그 나름이니 가능한 한 인지도 높은, 소위 말해 잘 나가는 브랜드를 잡아야 했다. 게다가 국내 시장 역시 인건비 상승 압박으로 미국 브랜드의 단순 OEM 봉제업으로는 승부를 걸기 어려웠다. 고가의 디자이너 브랜드 OEM 제조로 가야 승산이 있었다.

가장 밑바닥에서부터 차근차근 올라가는 것도 중요하다. 하지만 무조건 열심히 한다고 해서 잘 되는 것은 아니다. 기본과 더불어 다른 기업과 차별화할 경쟁력을 갖추는 것은 당연하다. 그러나 수많은 경쟁자가 우글거리고 있고 헤쳐나가야 할 밀림이 앞에 있는데, 그저 칼을 휘두른다고 목적지에 도달하지는 않는다. 전쟁할 때도 무조건 "돌격 앞으로!"를 외치며 한 뼘씩 땅을 차지하는 것은 극심한 소모전을 불러일으켜 결국에는 자멸하고 만다. 그보다 유리한 위치를 선점하여 적을 제압할 수 있는 '고지'를 장악하는 게 훨씬 전략적이다. 따라서 전쟁의 양상은 서로 유리한 고지를 차지하기 위한 치열한 각축전이기도 하다. 비즈니스도 이와 다를 게 없다. 충분히 경쟁력을 갖추고 있다면 단시간에 어필할 기회를 잡는 전략이 필요하다. 박은관이 주위로부터 들은 조언은 다름 아닌 '비즈니스의 고지 장악'인 것이다.

● Top 브랜드를 잡아라

시몬느는 창립 이듬해인 1988년부터는 본격적인 해외 수주를 위한 영업을 시작했다. 'Top 브랜드를 잡아라!'는 과제를 해결하기 위해 시몬느가 첫 번째로 도전한 업체는 미국의 디자이너 브랜드 도나 카란 뉴욕 컬렉션이었다. 도나 카란 뉴욕 컬렉션은 지금도 좋은 브랜드로 인식되지만, 그 시절에는 미국 영부인을 필두로 CBS나 NBC의 앵커들이 앞다투어 입을 정도로 잘 나가던 브랜드였다. 대중적으로는 중저가 서브 브랜드인 DKNY가 많이 알려졌지만, 그 모태인 도나 카란 뉴욕 컬렉션은 초고가 디자인라인으로 그 명성이 높았다.

박은관은 합리적이고 신중한 인물이지만 세일즈할 때는 다분히 공격적인 성향이 강했다. 미국에서 가장 잘나가는 도나 카란 뉴욕 컬렉션을 표적으로 삼은 박은관이 제일 먼저 한 일은 미국 백화점에 직접 가서 하나에 2000~3000달러나 하는 도나 카란 브랜드 핸드백 일곱 개를 사는 일이었다. 그리고 두 번째로 한 일은 그 가방들을 하나도 남김없이 분해하는 일이었다.

박은관은 미국 백화점에서 구입한 도나 카란 브랜드 핸드백 일곱 개를 한국에 가져와 박음질 된 모든 실을 풀어 일일이 분해했다. 그리고 그것을 다시 조립하고, 조립이 완료되면 또다시 분해했다. 이런 과정을 수없이 반복하며 제품을 완전히 분석한 박은관은 이탈리아에 가서 똑같은 가죽과 장식을 구입해 복제품을 만들기 시작했다. 그렇게 만든 샘플 핸드백 10개를 들고 도나 카란 뉴욕 컬렉션 본사에 불쑥 찾아갔다.

"이 가방을 보세요. 내가 만든 가방입니다."

박은관은 도나 카란의 마케팅 담당자인 알리다 밀러와 소냐 카프로니에게 대뜸 가방부터 꺼내 보여주었다.

"당신네 가방보다 뒤떨어지는 부분이 있으면 말해보세요. 우리는 이 가방을 유럽보다 30~40% 저렴한 가격에 만들어줄 수 있습니다. 내게 일을 맡겨 보세요."

가방을 꼼꼼하게 살핀 알리다와 소냐는 놀라움과 감탄을 감추지 못했다. 최고급 핸드백 제조 시장에서 '근본'도 없었던 한국이 어떻게 이탈리아 뺨치는 품질의 제품을 만들어냈는지 이해할 수 없다며 난리가 난 것이다.

"우리 한국 노동자들은 여름휴가를 한 달씩 즐기는 봉제 산업 노동자들과 달라요. 계속 일하죠. 8월도 쉬지 않아서 원하는 만큼 겨울 물량을 미리 만들 수 있습니다."

어찌 보면 저임금 노동력의 경쟁력으로 비칠 수도 있는 말이었다. 그러나 단지 인건비가 싸고 사시사철 노동력 제공이 가능하다는 장점보다 이탈리아에서 만든 제품의 품질에 절대 뒤지지 않은 실력이 가장 설득력 있었을 것이다. 시몬느의 이런 전략은 후발주자에 있는 기업에 많은 것을 시사한다. 단순 모방과 저임금 등 값싼 경쟁력으로 단기간의 수익을 기대하는 것으로는 '지속가능경영'의 기반을 마련할 수 없다. 시몬느는 분명 유럽의 생산 환경보다 나은 조건과 고급 품질을 보장할 수 있는 기술력을 겸비했으므로 도나 카란으로서는 구미가 당기는 제안이었던 것이다.

박은관의 말에 그들은 환호성을 질렀다. 그도 그럴 것이, 당시 도나 카란 뉴욕 컬렉션 핸드백은 고가임에도 불구하고 시장에 내놓으면 매진이 될 정도로 인기가 좋았다. 그러나 봉제 산업 노동자들의 태업으로 물량 확보가 마음대로 되지 않아서 늘 고민이었다. 특히 박은관이 협상하던 당시, 그들은 1년 중 최고 성수기라고 할 크리스마스 물량을 확보하지 못해서 속이 바짝바짝 타고 있었다. 품질이나 가격, 거래 조건 등이 더없이 마음에 들었지만 알리다와 소냐는 선뜻 박은관의 손을 잡아줄 수 없었다. 상부와의 논의가 있어야 가능한 일이었기 때문이다.

"내일 연락드리겠습니다."

서로 악수하며 기분 좋게 헤어졌지만, 다음 날 도나 카란 쪽에서는 연락이 없었다. 칼자루를 쥔 쪽에서 감감무소식이니 답을 기다리는 박은관의 속은 계속 타들어 갔다. 그렇게 며칠이 지나고 더 이상 가만히 있을 수 없다는 판단이 섰을 때 박은관은 다시 도나 카란을 찾아갔다. 하지만 안타깝게도 도나 카란에서는 박은관이 기대하던 답을 주지 않았다.

"매우 좋은 조건이었지만, 없었던 일로 합시다. 우리 마케팅 담당자들이 모여서 회의한 결과 아무리 품질이 좋아도 고객들은 2000달러짜리 'Made in Italy'를 원하지 1200달러짜리 'Made in Korea'를 사지는 않는다는 판단을 내렸어요."

예상 못 했던 일은 아니었지만 막상 대놓고 "Made in Korea는 사지 않는다"는 이야기를 하니 오기가 발동했다. 품질도 뛰어나고 가격도 상대적으로 저렴한데, 'Made in Korea'라는 이유로 거절당한다는 것이 억울하기까지 했다.

도나 카란 측과 사전 교감이 있었던 것은 아니지만, 박은관 입장에서는 나름대로 자신 있게 수개월 간 준비한 프로젝트였다. 또 무작정 뉴욕에 와서 어렵게 마련한 미팅 자리였다. 그냥 물러설 수가 없었다.

"앞으로 핸드백 제조 시장은 변합니다. 당신들은 꼭 내가 아니더라도 아시아에 제조 기반을 가져야 합니다."

"그건 그렇지만……."

"현재 한국은 명품 핸드백 제조와는 거리가 먼 나라입니다. 하지만 볼로냐 플로렌스의 120년 된 공방도 처음 시작한 누군가는 우리처럼 맨땅에서 일군 것 아닌가요? 우리도 안 될 이유가 없습니다."

"우리도 처음이 되지 말라는 이유가 없다", "우리는 왜 안 되는가?"라는 물음으로 정리되는 박은관의 설득 논리는 "Why not us?"라는 표현으로 알려져 세계 핸드백 시장의 전설이 되었다. "당신과 내가 처음 시작하는 사람이 되지 못할 이유가 무엇인가?"라고 화두를 던진 것이다.

박은관은 알리다와 소냐의 표정이 호의적으로 변하는 것을 감지하고는 계속 설득을 이어갔다.

"나와 손을 잡으면 당신들은 아시아 시장에서 핸드백 라인을 처음으로 시작한 개척자가 되는 겁니다."

길지 않은 미팅 시간이었지만 박은관은 상대를 조목조목 논리적으로 설득해나감과 동시에 감성도 함께 공략했다. 그의 노력 덕분인지 알리다와 소냐의 마음이 다시 움직이기 시작했다.

"좋은 제품은 훌륭한 디자인Well-Designed, 좋은 품질Well-Made, 합리적인 가격Well-Priced이 중요해요. 네임밸류가 중요하지 않아요. 미국은 실용적인 나라니 한번 해봅시다."

비즈니스 커뮤니케이션은 고도의 설득 과정이다. 시몬느의 사례 같은 경우가 발생했을 때, 을의 입장의 기업들은 대체로 '읍소泣訴 전략'에 매달린다. 이런 읍소는 때론 동정심을 불러일으켜 소기의 목적을 달성하는 데 도움이 될 수도 있다. 그러나 "좋다고 해놓고 지금 와서 이러면 어쩌느냐?"는 말로 애원을 하는 게 늘 효과적이지는 않다. 도나 카란의 실무자들도 연락을 주겠다고 했을 뿐이다. 계약하겠다고 한 것은 아니었다. 이런 상황에서 읍소 전략은 오히려 부정적인 이미지를 줄 수 있다.

시몬느는 'Why not us?'의 논리로 기존의 주장과 더불어 아시아 시장의 교두보 확보라는 전략의 실마리까지 제시했다. 이는 글로벌 기업의 입장에서 쉽게 간과할 수 없는 이야기였다. 당연히 도나 카란의 입장에서도 단순한 원산지의 문제가 아닌 새로운 시장 전략에 대한 고민으로 이어질 수밖에 없었다.

어렵게 마음을 연 알리다와 소냐였지만 막상 시몬느와의 거래를 결정하고 나니 걸리는 게 한둘이 아니었다. 특히 고가의 명품 핸드백 브랜드에 납품 경력이 없다는 사실이 제일 큰 걸림돌이었다. 비록

'Made in Korea'이긴 하지만 시몬느가 타 명품 브랜드와의 거래가 있었다면 어느 정도는 신뢰할 수 있다고 판단했기 때문이다.

"미안하지만 도저히 안 되겠네요."

자리에서 일어서는 알리다와 소냐를 향해 박은관은 마지막 설득을 시작했다. 첫 거래를 통해 이익을 남기겠단 생각은 애초부터 없었다. 머릿속에는 어떻게든 수주만 해야겠다는 생각뿐이었다. 큰 도로를 닦는 일이 처음에는 비용이 들지만 결국엔 더 큰 이익을 위한 투자임을 잘 알기 때문이다.

"물량을 많이 달라는 이야기가 아니에요. 사업에 지장이 없을 만큼 1%라도 물량을 맡겨주세요. 도나 카란 뉴욕 컬렉션이 그 정도 잘못된다고 문제 될 리 없잖아요."

참으로 끈질긴 설득이었다. 그렇게 몇 시간을 옥신각신하던 끝에 알리다와 소냐도 손을 들고 말았다. 박은관의 표정이 너무 절박해서 조금이라도 물량을 주지 않으면 한국으로 돌아가지 않을 듯 보였다. 그렇게 미국 최고 명품 브랜드와 시몬느와의 첫 계약이 이루어졌다.

시몬느가 받아온 첫 번째 제작물량은 불과 120개에 불과했다. 그러나 시몬느에 개수는 상관없었다. 도나 카란 뉴욕 컬렉션과 거래를 텄다는 사실은 돈으로 살 수 없는 가치였다. 명품과는 거리가 먼 변방의 나라, 그것도 신생기업이 미국에서 가장 잘나가는 최고급 브랜드와 계약을 맺은 것이다.

SIMONE | 02 | STORY

명품 중의 명품

불황 속의 호황! 참으로 아이러니한 표현이다. 그런데 더 아이러니한 것은 심각한 경제 불황 속에서도 초고가 명품 시장은 호황을 누리고 있다는 사실이다. 미국의 컨설팅 회사 베인& 컴퍼니의 보고에 의하면 2013년 전 세계 명품시장 규모는 2170억 유로(약 320조 원)를 기록했다고 한다.

갖고 싶어도 갖지 못하는 것, 아무리 돈이 많아도 짧지 않은 기다림의 시간을 견뎌내야 하는 것, 그럼에도 불구하고 반드시 갖고 싶은 '머스트 해브Must-Have' 제품이 바로 명품이다. 오죽하면 "짝퉁이 없으면 명품이 아니다"라는 웃지 못할 표현이 나올까.

"One & Only"

세계적인 대표 럭셔리 브랜드인 루이뷔통 회장 이브 카셀Yves Carcelle 은 명품이란 "One & Only(단 하나, 유일한 것)"이라고 말한다. 즉, 명품을 사용하는 소비자는 명품으로부터 유일하고 특별한 감정을 전달받아야 한다는 것이다. 시계나 가방 등의 실용 기능도 중요하지만 명품을 만지고 사용하는 사람이 그것에서 특별한 스토리가 담긴 감정을 느껴야 한다는 의미이다.

제품에 자신의 감성이 녹아들게 하는 마케팅은 이미 '스토리텔링 마케팅', '감성 마케팅' 등으로 널리 알려졌다. 고객들은 어떤 제품을 사더라도 자신의 오감을 모두 동원하기 때문이다. 제품을 만들어 파는 입장에서는 '튼튼하면 되겠지'라거나, '예쁘면 좋아하겠지'라고 한두 가지 특징을 내세운다. 하지만 고객은 시각을 비롯해 청각, 촉각, 후각 심지어 미각까지도 동원해 제품을 따져본다. 이 모든 감각을 아우를 수 있는 게 바로 감성이다.

미래학의 대가인 롤프 옌센^{Rolf Jensen}은 일찍이 자신의 저서인 『드림 소사이어티^{Dream Society: How the Coming Shift from Information to Imagination Will Transform Your Business}』에서 "감성에 바탕을 둔, 꿈을 대상으로 하는 시장이 점점 더 커질 것이다"라고 예측했고, 그의 예측은 지금 현실이 되고 있다. 특히 명품 비즈니스는 꿈과 감성을 내세우는 현대 사회의 시장 특성과 정확히 맞닿아 있다.

물론 자신이 사용하는 제품에서 '특별한 스토리가 담긴 감정'을 느낀다고 하여 그것을 모두 명품이라 할 수 있는 것은 아니다. 명품의 정의나 표현은 나라나 사람마다 조금의 차이가 있지만, 일반적으로 값비싼 재료를 사용하여 고급스럽고 세련되게 만들어낸 제품을 말한다. 흔히 예술 작품에 빗대어질 정도로 많은 정성이 깃들고 품질이 우수해서 공급 물량 또한 제한적이다. 여기에 이브 카셀의 말처럼 '특별한 스토리가 담긴 감정'까지 느낀다면 그것은 세상에서 단 하나, 유일한 나만의 명품이 되는 것이다.

● 패션의 꽃, 핸드백

핸드백, 시계, 의류, 구두, 안경, 화장품, 아파트, 여행, 의료 등 명품은 이제 소유를 넘어 경험의 다양한 영역으로까지 확대하고 있다. 그중에서도 특히 명품 핸드백 시장은 성장 잠재력이 가장 높은 시장으로 평가되고 있다. 실제로 젊은 여성 중에는 명품 핸드백을 사기 위해 한 달 월급을 망설임 없이 쏟아 붓는 경우도 적지 않다.

샤넬Chanel의 수석 디자이너 카를 라거펠트Karl Lagerfeld는 "명품 핸드백은 인생을 더 즐겁게 만들어주고 꿈꾸게 해주고, 자신감을 주며, 주변 사람들에게 자신이 잘 나가고 있다는 것을 보여준다"고 말한다. 즉, 명품 핸드백을 든 사람은 브랜드 로고를 과시함으로써 자신의 지위나 열망을 타인에게 공공연하게 알릴 기회를 갖고, 이를 통해 만족감과 행복감을 느낀다는 것이다. 그래서인지 오늘날 전 세계 어디를 가든 명품 매장에 들어서면 대부분 고급 핸드백들이 사방으로 둘러싸여 있는 것을 볼 수 있다.

원하는 사람이 많은 만큼 판매도 다른 명품에 비해 상대적으로 수월하다. 디자인이 마음에 들어도 사이즈가 맞지 않으면 살 수 없는 의류나 신발 등에 비해 핸드백은 그냥 보고 마음에 들면 구입하면 된다. 따라서 핸드백은 향수보다 신제품을 만들기도 쉽고 제작하

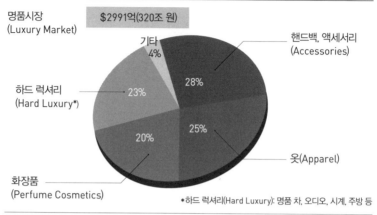

럭셔리 제품 시장규모 및 상품 카테고리별 점유율

명품시장
(Luxury Market)

$2991억(320조 원)

기타
4%

핸드백, 액세서리
(Accessories)

28%

하드 럭셔리
(Hard Luxury*)

23%

옷(Apparel)

25%

20%

화장품
(Perfume Cosmetics)

*하드 럭셔리(Hard Luxury): 명품 차, 오디오, 시계, 주방 등

출처: 베인&컴퍼니

기도 쉽다. 거기에 판매수익도 엄청나다. 대부분의 명품 핸드백은 소비자 판매가가 원가의 10~12배나 되며, 심지어 루이뷔통 핸드백은 원가의 13배에 달한다고 한다.

2013년 럭셔리 제품의 시장규모는 2991억 달러(320조 원) 대로 추정되며, 이 중 액세서리 및 가죽제품 부문이 28%(약 90조 원)를 차지한다. 이 시장은 모자, 선글라스, 벨트, 스카프, 핸드백을 포함하고 있으며, 이 가운데 핸드백이 차지하는 비중이 무려 75%(약 67조 원)이다. 또한 전체 럭셔리 시장에서 핸드백이 차지하는 비중은 21% 정도로 단일명품 카테고리 시장규모에 맞먹는 수치다.

1990년대만 해도 액세서리 군의 비중은 7% 정도에 불과했으며, 핸드백 비중 또한 그리 높지 않았다. 하지만 2000년대에 들어서면서 명품 핸드백 시장이 급격히 확대되기 시작했다. 2001년에서 2004년까지 명품시장은 연간 1.2% 증가한 데 비해 가죽제품 시장은 연간

7.5% 증가했다. 오늘날 럭셔리 시장의 성장률에서 미루어 볼 때 지난 20년간 명품시장에서 가장 크게 성장한 부분은 핸드백 시장이며, 앞으로의 성장 잠재력 역시 가장 높은 시장으로 꼽힌다.

명품시장에서 핸드백은 이른바 '플래그십 제품Flagship Product'이라고 할 수 있다. 플래그십 제품은 플래그십 스토어Flagship Store(브랜드 상징 매장)와 같은 역할을 한다. 플래그십 스토어는 일종의 체험 매장으로 알려졌는데, 원래는 가장 대표적인 상품을 중심으로 고객들에게 어필하는 매장이다. 말 그대로 '깃발'을 눈에 띄게 보여주며 고객의 호기심을 자극하는 것이다.

플래그십 스토어는 요즘 들어 더욱 각광받고 있다. 국내에서도 그동안 플래그십 스토어는 생소한 개념이었다. 그러나 명품 브랜드인 프라다Prada가 플래그십 스토어를 처음 선보인 뒤 명품뿐만 아니라 일반 의류, 디지털 제품, 통신 분야까지 범위가 확대되었다. 그리고 플래그십의 효과를 활용하면 동일 브랜드의 다른 제품까지 매출이 오른다. 가령, 애플의 아이팟이나 아이폰은 기존의 마니아 브랜드인 애플을 대중적인 고급 디지털 브랜드로 탈바꿈하는 데 일등공신이었다.

핸드백은 명품시장의 플래그십 제품이다. 여성들의 일상적인 액세서리 중에서 가장 많이 사용하는 품목일뿐더러, 또 노출이 제일 많이 되는 제품이다. 즉, 핸드백 하나로 해당 브랜드의 가치가 고스란히 드러날 수 있다는 뜻이다. 게다가 판매의 편의성까지 더해졌으니 명품회사들이 '깃발'로 삼기에 가장 적합한 제품이다.

● 명품 핸드백은 어떻게 만들어지는가?

"이탈리아 장인이 한 땀 한 땀……."

몇 년 전 높은 시청률을 기록하며 인기를 끌었던 어느 드라마에서 남자주인공이 입고 나온 반짝이 트레이닝복에 붙여진 수식어다. 사실 드라마의 남자주인공이 입었던 트레이닝복은 명품 브랜드가 아니라 직접 제작한 것이었지만, 시청자 대다수는 '이탈리아', '장인', '한 땀 한 땀'이라는 표현에서 '명품^{名品}'을 떠올렸다. 그만큼 명품은 뛰어난 실력을 갖춘 장인이 땀과 정성을 쏟아 일일이 수작업으로 탄생시키는 최고의 작품이라 기대하기 때문이다.

수요가 점점 증가하면서 대부분의 명품 핸드백 브랜드는 더 이상 한 땀 한 땀의 정성을 기울이기 어려운 상황이 되었다. 생산 방식은 달라졌지만 분명한 것은 대부분의 제품이 숙련된 장인들의 검증을 거쳐 탄생하는 만큼 명품으로서의 우수함이 지켜지고 있다는 점이다.

세계적인 명품 핸드백의 생산 방식은 크게 세 가지로 나눌 수 있다. '자가 생산 방식', 'OEM 방식(주문자 상표부착 생산 방식)', 'ODM 방식(제조업자 개발 생산 방식)'이 바로 그것이다.

■ 자가 생산 방식

이 방식은 제품 생산 유형에 따라 세 가지로 구분할 수 있다. 첫 번째 유형은 브랜드 자사에서 총괄하는 현지공장에서 생산하는 방식으로, 가죽 및 자재구매부터 철저한 품질관리까지 자체 브랜드의 숙련된 장인들의 손에서 검증된 절차에 따라 생산하는 방식이다. '직접생산'이라고 불리는 이 방식은 자가 유통 비용과 높은 임금 비용, 품질유지 관리 비용 등 타 생산 방식에 비해 비용이 높은 단점이 있다. 하지만 럭셔리 브랜드만의 가치유지와 장인들의 손에서 직접 만들어지는 만큼 소비자들에게 특별한 가치를 부여해주는 진정한 명품 생산 방식이라고 할 수 있다.

마치 가내수공업을 연상시키는 이러한 방식은 유럽의 도제 문화에 대한 아련한 향수와 신뢰를 불러일으킨다. 따라서 단순히 명품 장인의 숙련된 기술과 관련된 스토리를 연상시키는 마케팅 효과도 부수적으로 누릴 수 있다. 이러한 전통적인 명품 생산 방식을 유지하는 명품 핸드백 브랜드로는 '에르메스Hermes', '루이뷔통' 등을 꼽을 수 있다.

두 번째 유형은 럭셔리 브랜드들이 중국 등 저임금 국가에 자사의 법인공장을 설립하여 현지 인력을 통해 가공 작업을 거친 후 유럽 및 미국의 본사에서 최종적으로 조립하고 제조국인 프랑스, 이탈리아, 미국 등의 라벨을 달고 출고되는 어셈블리Assembly 방식이다. 이 방식은 생산비용을 줄이기 위한 하나의 방식으로 버버리, 프라다, 루이뷔통, 구찌Gucci 등 다수의 고급 명품 브랜드들이 채택하는 방식이다.

세 번째 유형으로는 명품임에도 'Made in China'의 라벨을 달고 중국 법인 자사공장에서 완제품을 만들어 직접 수출하는 방식이다. 어포더블 럭셔리Affordable Luxury(감당할 수 있는 명품) 브랜드들은 저임금과 유통비용을 절감하기 위해 이러한 생산 방식을 채택하고 있다.

▪ OEM(주문자 상표부착 생산 방식)

OEM은 해외 럭셔리 핸드백회사(바이어)와 외부 제조업자가 계약을 맺고, 바이어는 제조업자에게 당사의 상품 디자인 및 모든 제조 방식의 소스를 제공하여 상품 제조를 위탁하는 방식이다. 이때 생산된 모든 제품에는 주문자 상표(브랜드 상표)를 부착한다. 적절한 제소설비와 노동력만으로도 생산이 가능하므로 럭셔리 브랜드들은 OEM 생산으로 외주함으로써 현지 인력비용과 관리비용 등의 제조비용을 절감하면서 대량생산이 가능하도록 한다. 따라서 마케팅이나 영업 등 브랜드 경영의 핵심영역을 더욱 강화할 수 있다는 장점이 있다.

이러한 OEM 생산 방식은 글로벌 비즈니스의 확대에 따른 진화의 과정이다. 과거처럼 인건비를 줄이기 위한 아웃소싱이 아니라 경영의 효율성과 로컬라이징 전략 효과 등 진화된 경영 기법으로 주목받고 있다. 디지털 명품 브랜드인 애플도 그 수많은 제품을 시장에 내놓고 있지만 정작 직접 생산하는 공장은 단 한 곳도 보유하지 않고 있다. 하지만 OEM 생산라인에 품질관리 라인이 따로 설비되어 있지 않다면 생산 불량률이 높아지기 마련이고, 그렇다면 제품력으로 승부하는 럭셔리 시장에서 브랜드 이미지에 안 좋은 영향을 끼칠 수 있다.

세계 럭셔리 핸드백 브랜드의 대략 80% 이상은 이 방식으로 제품을 생산하며, 초고가 브랜드에서부터 저가 브랜드까지 브랜드 상품 라인에 따라 OEM 방식을 선별적으로 채택하는 경우도 있다. 일명 '3초 백'이라 불리는 루이뷔통의 스피디 백은 전 세계적으로 수요량이 가장 많으므로 자가 생산 방식과 어셈블리 방식으로 생산된다. 이 외에 프라다, 코치, DKNY 등 유명 럭셔리 브랜드, 토탈 패션 브랜드, 그리고 신생 브랜드들의 대부분이 이 방식으로 제품을 생산하고 있다.

▪ ODM(제조업자 개발 생산 방식)

이 방식은 ODM 회사가 보유한 자체 기술력을 바탕으로 바이어와 함께 스타일, 콘셉트, 그리고 패턴 및 소재를 서로 동등한 위치에서 협력관계로 함께 논의하여 생산하는 방식이다. 오늘날 개발성이 중요한 요소로 떠오르는 제조시장의 변화에 따라 기존의 OEM 회사들은 대부분 ODM으로 생산 방식을 변환하여 부가가치를 꾀하고 있다.

ODM 방식은 바이어가 요구하는 기술을 제조업체에서 직접 개발하여 납품하므로 해외시장에 판매할 경우 개발 로열티를 받을 수 있다. 또한 부품을 구매할 경우 제조업체가 주도적으로 참여할 수 있어 원가를 낮추는 데 도움이 되는 고부가가치형 생산체제로 평가받고 있다.

럭셔리 핸드백 업체들은 단순히 생산 외주업체가 아닌 제품 생산에 대한 풍부한 경험과 지식을 바탕으로, 디자인 콘셉트 구상부터 제조와 품질관리까지 풀 서비스를 제공하는 ODM 회사를 통해 비용절감은 물론 품질보장의 혜택까지 얻을 수 있다. 또한 컨템포러리 Contemporary 브랜드의 경우에는 ODM 생산을 위탁함으로써 세계적인 핸드백 시장에서 의미 있는 포지셔닝과 브랜드 성장에 도움을 얻을 수 있다. 그저 수직적인 하청구조가 아니라 소프트웨어와 하드웨어의 창의적 결합으로 시너지 효과를 누릴 수 있는 것이다.

그뿐만 아니라 제조업체는 생산라인 제공과 같은 하드웨어뿐만 아니라 그들만의 소프트웨어도 활용할 수 있다. 바이어 입장에서는 자체 생산비용 절감과 더불어 R&D의 비용까지 줄일 수 있다. 그리고 '백지장도 맞들면 낫다'는 말처럼 바이어 측과 제조업체의 핵심역량이 보다 나은 제품 개발과 생산으로 이어질 수도 있으므로 ODM 방식은 날이 갈수록 각광받고 있다. 명품 분야 말고도 휴대전화, 의류, 화장품 등 다양한 분야에서 ODM은 윈윈 경영의 사례로 주목받고 있다.

현재 럭셔리 핸드백 브랜드의 약 60% 이상이 ODM 방식으로 제품을 생산하고 있다. 주요 브랜드로는 버버리, 겐조, 코치, DKNY, 지방시, 랄프로렌Ralph Lauren, 마이클 코어스, 토리버치 등이 있으며 상위 브랜드들은 상품 라인별로 OEM 생산을 병행하기도 한다.

ODM 업체가 되기 위해서는 창의성, 시장성, 생산성, 개발력이라는 네 가지 조건을 갖추어야 한다. 즉, 창의적인 디자이너와 마케터블Marketable한 시장 감각, 그리고 적절한 설비와 인력으로 대량생산 및 라인생산이 가능한 고도의 생산력, 여기에 소재와 패턴을 자체 개발하여 주문자가 원하는 제품을 만들 수 있는 자체 개발력을 갖추어야지만 ODM 업체로 인정받을 수 있다. 이러한 필수조건에 부합한 ODM 업체는 완벽한 품질관리를 거쳐 완성한 제품을 바이어에게 공급함으로써 럭셔리 브랜드사는 유통 및 광고의 브랜드 경영 핵심영역에 더 집중할 수 있다.

● 글로벌 명품 핸드백 제조의 중심에 선 시몬느

1990년대 이전까지 글로벌 명품 핸드백 브랜드들은 생산비 절감을 위해 하청이나 외주 OEM 방식을 주로 활용했다. 하지만 1990년대 이후에는 단순 생산 방식인 OEM에서 자체 기술과 개발을 기반으로 생산하는 ODM으로 진화하기 시작했다. 하이엔드^{High-End}(고급) 브랜드 그룹인 샤넬, 루이뷔통, 프라다, 구찌 등은 자사 제품의 약 30% 이상을 이러한 아웃소싱으로 생산하며, 그중 루이뷔통은 70% 이상을 아웃소싱으로 생산하고 있다. 프리미엄 브랜드 그룹인 마이클 코어스, 버버리, 코치, 마크 제이콥스 등은 90~100%를 해외 제조업체에 위탁하여 생산하고 있다.

오늘날 핸드백 생산시장에서 가장 큰 생산 능력^{Capacity}을 지닌 국가는 단연 이탈리아이며, 전체 핸드백 생산의 약 50%를 담당하고 있다. 프랑스에는 아주 적은 수의 공방만이 존재한다. 대표적인 공방으로 에르메스와 루이뷔통 공방을 들 수 있다. 숙련된 장인들의 '한 땀 한 땀' 정성으로 핸드백이 만들어지다 보니 이 공방들에서 생산하는 제품은 전체 럭셔리 핸드백 생산량의 1~2% 정도만을 차지한다. 실제로 루이뷔통은 전체 생산의 극히 일부분만이 프랑스 공방에서 생산되며 물량 대부분은 저임금 생산국에서 여러 형태의 위탁생산으로 만들어진다.

이 외에 스페인, 동유럽, 북아프리카에서 각각 2~3% 정도씩 생산되고 있다. 아시아 생산시장에서는 유로피안 럭셔리 브랜드의 5~10% 정도를 생산하고 있는데 주로 중국, 홍콩, 한국, 베트남, 인도네시아 등지에 생산 공장들이 분포되어 있다.

글로벌 명품시장의 규모가 해마다 성장함에 따라 명품 생산시장 역시 빠르게 성장하고 있다. 특히 아시아 핸드백 생산시장은 세계에서 인정한 우수한 제조 기술력과 소싱력, 디자인 능력을 바탕으로 점점 더 크게 성장할 것으로 전망된다. 그중에서도 글로벌 명품 핸드백 브랜드사의 관심을 한몸에 받고 있는 곳이 바로 한국의 시몬느이다.

글로벌 명품 생산업계 매출액 세계 1위, 국내 히든 챔피언으로도 선정된 시몬느는 미국 명품 핸드백 시장의 30%, 전 세계 명품 핸드백 시장의 10%에 가까운 물량의 핸드백 생산을 책임지고 있다. 1987년에 설립된 (주)시몬느는 창사 27년 만에 6.4억 달러(6900억 원)의 매출을 기록하며, 전 세계의 핸드백 제조업체 1만 3000여 개 중 당당히 세계 1위의 자리를 지키는 럭셔리 핸드백 ODM 회사다. 시몬느의 주요 고객은 미국의 코치, DKNY, 마이클 코어스, 마크 제이콥스 등 20여 개로 하이엔드 브랜드부터 브릿지 라인^{Bridge Line}까지 다양한 브랜드와 파트너십을 맺고 있다. 그중 마크 제이콥스, DKNY, 마이클 코어스 핸드백은 각각 60~70% 이상을 ODM 방식으로 생산하며, 그 외의 명품 핸드백 브랜드 제품도 30~40% 이상을 ODM 방식으로 생산하고 있다. 현재 시몬느는 중국, 인도네시아, 베트남 등에 여섯 개의 해외 제조기지를 두고 연간 약 1800만 개의 럭셔리 핸드백을 생산하고 있다.

시몬느 다음으로 글로벌 명품 핸드백 생산시장을 차지한 회사는 중국의 '시토이피혁^{Sitoy Leather Products}'이다. 1968년 홍콩에 세워진 시토이피혁은 약 40년간 유럽 명품 브랜드의 가방제품을 OEM 방식으로 제조해왔다. 전 세계 OEM 시장에서 시토이피혁의 점유율은 5%로, 연간 매출이 1억 7500만 위안(3000억 원 정도)이다. 이익률은 22% 정도를 기록하며, 연간 1200만 개에 달하는 핸드백을 만들어내고 있다. 시토이피혁의 주요고객으로는 프라다, 코치, 포실, 마이클 코어스, 라코스테 등 대여섯 개로 국한되어 있다. OEM 업체로서 큰 성공을 이룬 보기 드문 회사이다.

이 외에 명품 핸드백 제조업체로는 홍콩의 Supearl, Yamani, South Sea, The well 등이 있으나 업계 1, 2위인 시몬느, 시토이피혁과 비교하면 규모나 매출액 등 외형적인 면에서 큰 차이를 보인다.

앞의 설명에서도 알 수 있듯이 시몬느는 시토이피혁을 비롯한 타 명품 핸드백 제조업체들과 비교해 규모나 실력 면에서 월등하다. 하지만 무엇보다도 시몬느는 단순히 해외 브랜드의 주문에 따라 핸드백을 제조하는 하청회사가 아니라는 점에 주목해야 한다. 시몬느는 상품기획에서 소재 개발, 패턴과 디자인 개발, 유통까지 진행하는 '풀 서비스 컴퍼니Full Service Company'이다. 핸드백을 만드는 데 필요한 모든 것을 하는 셈이다. 상황이 이렇다 보니, 해외 유명 럭셔리 브랜드 기업들도 시몬느에 단순히 일을 맡기는 게 아니라 중요한 부분을 의지하는 수준에 이르렀다. 이제 더 이상 핸드백 시장에서 시몬느를 단순한 OEM 회사로 보는 사람은 없다. 실력이 차이를 만들고 차이가 스스로를 더 빛나게 하는 것이다.

비전이 성공을 이끈다

기회는 우리가 그것을 주시하며 기다리는 방향에서만 오는 것은 아니다. 때로는 우리가 바라보지 않은 방향, 전혀 예상치 못한 방향에서 우연처럼 만나지기도 한다. 물론 기회가 온다고 해서 모두가 그것을 내 것으로 만들 수 있는 것은 아니다. 망설임 없는 도전이 뒤따라 줄 때라야 비로소 기회는 내 것이 된다. 명품이나 핸드백과는 전혀 무관한 삶을 살던 박은관이 명품 핸드백 제조의 중심에 우뚝 설 수 있었던 이유도 우연히 찾아온 기회를 움켜쥐고 망설임 없는 도전을 했던 덕분이었다.

시몬느의 창업주 박은관 회장이 핸드백과 첫 인연을 맺은 것은 1979년 핸드백 제조 수출업체인 청산에 입사하면서부터다. 대학에서 독문학을 전공한 그가 핸드백 제조업체인 청산에 입사를 결심한 것은 참으로 의아한 일이 아닐 수 없다. 더군다나 그는 인천 수산업계 거상의 셋째 아들로 태어난 덕분에 다른 형제들이 그랬듯 가업을 이어받는 것이 당연한 일로 여겨졌다.

선대가 심어놓은 나무에서 달콤한 과실을 얻는 것은 분명 감사한 일이다. 박은관은 아버지가 피와 땀으로 일궈놓은 사업체를 지키고 더 크게 번창시키는 것도 의미 있는 일이라 생각했다. 하지만 왠지 그것만으로는 부족해 보였다. 자신이 미처 접해보지 못한 새로운 세상에 그의 온 마음을 끌 무언가가 있을 것이라는 막연한 기대와 호기심이 박은관을 이끌었다. 기왕이면 아무도 가지 않은 길, 그 길을 찾고 그 길을 여는 선구자가 되고 싶었다.

성공을 향한 길은 여러 갈래가 있다. 성공이 검증된 분야와 방식을 그대로 따라 하는 것, 또는 지금까지 아무도 도전하지 않은 길을 가는 것 등 다양하다. 전자의 경우는 검증된 길이므로 안정적이라 할 수 있다. 그러나 그만큼 진입의 장벽이 높다. 반면에 후자의 경우는 가는 길목마다 예상치 못한 변수와 리스크에 맞닥뜨릴 수밖에 없다. 미지의 세계를 개척하는 것은 그만큼 모험이 따른다. 하지만 그렇게 발견한 미개척지는 온전히 도전하는 자의 몫이 될 수 있다.

세계적인 경영 컨설턴트인 짐 콜린스Jim Collins는 "오래 존속되는 위대한 기업을 세운 이들은 무엇보다도 자기 내부의 창조적인 열망에 의해 앞으로 나아간다"라고 했다. 위대한 기업의 설립자들이 가지는 공통점은 창의와 도전인 것이다. 창의적인 도전으로 위대한 기업의 초석을 다졌을 뿐만 아니라 최고의 자리에서도 여전히 도전의 가치를 포기하지 않는다.

짐 콜린스는 위대한 기업, 지속가능한 기업을 만들기 위해서는

'비전'이 중요하다고 말한다. 위대한 기업이 되기 위해서는 현재의 기업 수준이 아무리 낮더라도 비전을 가져야 한다. 그는 위대한 기업의 공통분모가 바로 "명확한 비전의 수립"이라고 했다. 이 말은 단지 기업의 성공에만 국한되지 않는다. 개인의 성공도 마찬가지다. 그저 월급을 받는 것에 만족하며 직장생활 하는 사람은 도전과 성공의 가치를 이해할 수 없다. 또한 자신에게 이미 주어진 것에 만족하며 안락한 길을 가는 사람 역시 도전과 성공이 주는 참맛을 느낄 수 없다. 아무도 가지 않은 길을 찾아 선구자가 되겠다는 것은 개인의 비전일 수 있다. 그 비전은 아무리 험난한 길을 가더라도 포기하지 않게 하는 희망의 등대이다.

● 세상을 향해 노를 저어라

'앙트레프레너십Entrepreneurship(기업가정신)'을 연구하는 학자들은 성공한 사업가들에게 기업가정신이 만들어지는 과정을 성장환경에 따라 크게 두 가지 유형으로 분리한다. 하나는 스티브 잡스처럼 경제적으로 아주 힘든 집안에서 태어나 '헝그리 정신'을 바탕으로 꿈을 키우고 도전해 성공한 유형이다. 또 다른 하나는 빌 게이츠나 마이클 델처럼 유복한 집안에서 태어나 부모로부터 자연스럽게 경제교육을 배우면서 자란 경우이다.

빌 게이츠가 어린 시절 식사시간에 아버지로부터 경제 이야기를 수없이 듣고 자란 일화는 유명하다. 기업인이 되지는 않았지만 세계적인 경제학자 장하준 케임브리지 대학 교수가 어릴 적부터 부친 장재식 전 산업자원부 장관에게 '밥상머리 교육'을 받은 것과 비슷한 경우인 셈이다.

박은관은 빌 게이츠 형으로 볼 수 있다. 사업가 집안에서 자라면서 자연스럽게 사업가 기질을 몸에 익혔고, 노동의 가치를 알고 있었던 부친으로부터 삶의 철학을 배웠다. 박은관은 어린 시절부터 부친과 많은 시간을 보내면서 교과서에서는 결코 얻을 수 없는 삶의 다양한 가치들을 배웠다. 땀 흘린 후에 얻게 되는 수확의 기쁨, 최선을 다한 삶이 가져다주는 소중한 가치, 바다가 가져다주는 야망과 자유를 배웠다.

평소 부친은 네 명의 아들 중에 셋째 아들 박은관을 특히 잘 데리고 다녔다. 하고 싶은 일이 있으면 꼭 하는 성격, 무엇이든 가르쳐주는 대로 흡수하는 모습이 마음에 들었다. 박은관도 아버지가 좋았다. 수산업계 거상답게 문제가 생기면 거침없이 해결하는 모습이 '대부' 같았다. 어려움 앞에서 짜증을 내거나 핑계를 대는 적이 없었다.

그의 부친 박창래 씨는 교실 안의 가르침도 중요하지만 그보다 더 중요한 것은 직접 현장에서 보고 듣고 경험하며 배우는 드넓은 세상이라는 것을 잘 알고 있었다. 이러한 부친의 철학은 그대로 아들에게 전해졌다.

"우리 아들은 배를 타야 하니 보충수업에서 빼야겠습니다."

대학입시를 코앞에 둔 고등학생이었지만 아버지는 종종 아들을 바다로 데려가곤 했다. 박은관 역시 아버지와 함께 바다로 나가는 것이 좋았다. 수산업 대부였던 그의 아버지는 첫째나 둘째 아들에게는 일찌감치 사업을 가르쳐주었지만 박은관에게는 바다를 먼저 알려주었다. 멀리 배를 띄울 때면 다른 형제는 제쳐 두고 셋째 아들을 데리고 나갔다. 덕분에 박은관은 어린 나이에 서해 5도와 백령도, 어청도, 흑산도 등 국내 바다는 물론이고 남중국해, 동중국해, 북태평양 바다까지 경험할 수 있었다. 초등학교 고학년 때부터 1년에 4주에서 6주씩, 9년 동안 배를 탔으니 반은 뱃사람으로 산 셈이다.

어린 나이에 바다 위에서 생활하는 경험은 누구나 할 수 있는 게 아니다. 바다를 가득 메운 어선들이 출렁이는 파도에 굴하지 않고 물고기를 쫓는 모습이나, 아이 몸뚱이만 한 물고기를 그물이 찢어져라 끌어올리는 어부들의 모습을 보면서 어린 시절 박은관은 스스로 '대양의 아들'이라는 생각을 했다.

박은관은 바다를 보면 위험하다는 생각보다 흥분이 먼저 느껴졌다. 자연이 살아 있다는 것을 눈으로 보면서 벅찬 감동을 느끼곤 했다. 거친 파도를 만나면 강한 도전정신과 함께 평상심을 유지하는 힘을 키웠고, 부드럽고 잔잔한 물살을 만나면 평온함을 즐기기도 하지만 이내 다가올 바다의 변화를 예측하는 힘도 함께 키웠다. 그리고 무엇보다도 끝없이 펼쳐진 바다를 바라보노라면 미지의 세계에 대한 강한 호기심이 생기곤 했다. 자신을 바다로 이끌어준 아버지, 그 바다가 보여준 넓디넓은 세상, 그리고 미처 알지 못하는 바다 너머의 세상들은 박은관을 도전과 창조를 두려워하지 않는 기업가로 성장시키는 거름이 되었다.

● 핸드백과 만나다

대학 4학년이 되자 박은관도 여느 친구들처럼 취업을 위해 구인공고를 살폈다. 지금이야 PC만 있으면 인터넷을 통해 전국의 구인공고를 볼 수 있지만, 당시만 해도 신문에 나오는 구인광고나 학교로 오는 구인공고를 보고 직장을 선택했다.

박은관을 제외한 나머지 세 명의 형제들은 모두 대학 졸업과 동시에 부친 회사에서 일했다. 집안에서 사업을 크게 하고 있었으니 당연한 수순이었다. 나머지 형제들이 모두 대학에서 경영학을 공부한 것도 가업을 잇기 위해서였다. 비록 독문학을 전공했지만 박은관도 가업을 잇는 게 불문율처럼 돼 있었다. 그러나 정작 당사자는 생각이 달랐다. 전문성 없이 수산업에 뛰어드는 것도 마음에 들지 않고, 입사하자마자 임원이 되는 것도 싫었다. 그래서 부친에게 "3년만 다른 회사에 다니면서 사회를 배우겠다"고 양해를 구하고 직장을 알아보던 중이었다.

수십 장의 구인공고를 보던 박은관의 눈에 '청산'이라는 핸드백 제조회사의 신입사원 모집공고가 들어왔다. 다른 친구들은 이름 있는 회사부터 챙기기 시작했지만, 박은관은 좀 달랐다. 청산은 대기업도 아닌데다 전공과도 무관한 회사였지만 '쇼룸'도 있고 수출을 많이 하는 기업이라 해외 업무가 있다는 설명에 마음이 끌렸다. 특별히 패션에 관심이 있었던 것은 아니다. 그저 넓은 세상에서 일하고 싶다는 어릴 적 꿈을 실현할 기회가 온 것 같아 반갑기만 했다. 박은관은 그 길로 이력서를 들고 명동에 있는 청산 본사로 향했다.

당시 우리나라는 핸드백 제조를 비롯한 봉제 산업이 호황이었다. 핸드백 해외 수출전문 업체만 400여 개에 육박했다. 그중에서도 청산은 큰 축에 들었다. 한창 사세가 성장 중이던 청산은 그해 사상 처음으로 사원을 공채로 모집하고 있었다.

이력서를 제출하러 갈 때 박은관의 복장은 학교에 가듯 편안했다. 두꺼운 니트 스웨터, 방울 달린 스키 모자, 벙어리장갑 등 누가 봐도 입사지원서를 제출하는 사람의 복장은 아니었다.

"이봐요, 학생."

인사과에 서류를 제출하고 나오는데 누군가가 박은관을 불렀다. 정흥덕 청산 회장이었다. 정흥덕 회장은 어차피 청산에 입사하기 위해 지원서를 낸 것이니 면접까지 보고 가라고 했다. 박은관은 정흥덕 회장의 갑작스러운 제안이 당황스러웠다. 서류만 제출하러 온 것이라 옷차림을 비롯해 면접을 할 사전 준비가 전혀 안 되었기 때문이다. 박은관은 자신의 옷차림에 대해 양해를 먼저 구한 뒤 면접에 임했다.

"야! 네가 왜 취직하려고 하느냐?"

박은관의 이력서를 쭉 살펴보던 정흥덕 회장이 눈을 번쩍 뜨며 소리를 질렀다.

"예?"

"아니, 박창래 회장 아들이 가업을 물려받지 않고 왜 취직을 하느냐는 말이다."

"그거야……. 아니 그런데 저희 아버님을 아세요?"

정흥덕 청산 회장은 오래전 젊었을 때 6개월 정도 배를 탄 적이 있었는데, 그때 탔던 배가 박창래 회장의 배였던 것이다. 정 회장은 박은관의 부친 회사가 규모도 크고 자회사도 많은데 왜 그 좋은 회사를 두고 청산에 취직하려 하느냐며 의아해했다. 가업을 잇는 것을 당연한 듯 여기는 정 회장의 선입견도 마음에 들지 않았지만 무엇보다도 다그치듯 묻는 말투가 기분을 상하게 했다. 참다못한 박은관은 마음속에 있던 말을 뱉어냈다.

"형님이 이미 조선소 사장을 하고 있습니다. 저는 전문성도 없는데 스물네다섯밖에 안 된 사람이 임원이나 사장 노릇 하는 것도 안 어울리는 것 같아서 사회 경험도 쌓을 겸 직장에 다니기로 했습니다. 그게 뭐 잘못됐습니까?"

대차게 대답은 했지만 스스로도 아차 싶었다. 느닷없이 진행된 면접이긴 했지만 지원한 회사 회장의 질문에 너무 버릇없이 대답한 것 같아 내심 후회가 됐다. 박은관은 조심스럽게 정흥덕 회장의 얼굴을 쳐다봤다. 아니나 다를까, 정 회장의 표정이 딱딱하게 굳어 있었다.

"더 하고 싶은 이야기는 없는가?"

박은관은 어차피 어그러질 거라면 할 이야기는 다 해야겠다는 생각이 들었다.

"제가 만약 이 면접에 통과해 청산에 근무하게 된다면 딱 3년만 다닐 것이고, 공식적인 행사가 없다면 회사에서 넥타이를 매지 않을 것입니다. 그리고 저는 애연가이니 사무실에서 담배 피울 수 있게 해주세요."

박은관 스스로 생각해도 정말 어처구니없는 요구였다. 면접에서 이런 황당한 이야기를 하는 지원자를 뽑아주는 회사가 이 세상에 어디 있을까 싶었다. 그런데 더 황당한 것은 박은관의 대답을 들은 정홍덕 회장의 반응이었다. 그의 입가에는 미소가 번지기 시작했다. 합격이었다.

"허허, 재밌는 친구일세. 내일부터 출근해."

정홍덕 회장은 산전수전 다 겪은 사람이었다. 신입사원 공채 공고를 내면서 내심 평범한 사람보다는 공격적으로 회사를 키워낼 '인물'을 찾고 있었다. 박은관이 앞으로 어떤 일을 해낼지 그 무엇도 보장받은 게 없었지만, 첫 면접에서 보여준 패기라면 적어도 평범하게 회사생활을 하다가 끝내지는 않으리라고 판단했다.

기업의 인재 채용은 규모를 떠나 창의적이고 진취적인 사람을 뽑는 게 최우선의 과제이다. 짐 콜린스가 "위대한 기업들은 전략이나 조직보다 사람을 더 중시한다"라고 강조한 것도 인재의 중요성이 기업의 성패를 가르기 때문이다. 정홍덕 회장이 박은관을 합격시킨 것 역시 당돌한 답변에서 느껴지는 패기에서 잠재력을 간파했기 때문이다.

순식간에 이루어진 '합격' 통보에 박은관은 놀라지 않을 수 없었다. 수출전문회사라는 이유만으로 덜컥 입사지원서를 냈지만 즉석에서 합격통보를 받으니 조금은 당황스럽기도 했다. 하지만 당황스러움도 잠시뿐, 바다 너머의 세상에 대한 오랜 동경이 현실에서 이루어진다고 생각하니 기대감이 가슴 가득 차올랐다. 아직 준비되지 않은, 그야말로 우연히 얻은 기회였지만 이날의 합격통보는 박은관은 물론이고 청산에도 엄청난 성장을 가져왔다. 박은관이 입사한 이후 7년 동안 청산은 20배 가까운 성장을 이뤘다.

애초에 공언했던 3년이라는 시간을 훌쩍 뛰어넘은 7년의 시간 동안 박은관과 청산의 궁합은 기대 이상이었다. 그만큼 박은관이 청산에서 자신의 역량을 마음껏 펼쳤다는 뜻이다. 기업이 인재를 채용할 때는 창의와 혁신 등을 기준으로 삼는다. 마치 유행인 것처럼 말이다. 그러나 그런 인재를 채용하고 난 뒤 창의와 혁신보다 관행에 따라야 인정받는 풍토가 만연하다면 말짱 헛일이다. 단순한 우연으로 창의적인 인재를 채용하는 행운보다 조직 자체가 창의성을 키울 수 있는 풍토가 되어야 한다.

● 세계 패션 시장으로 돌진하라

꿈은 온전히 혼자서 만들 수 있는 게 아니다. 환경이 필요하다. 문학도였던 박은관을 작가가 아닌 성공한 기업가로 탈바꿈시킬 수 있었던 것도 그 뿌리에 기업가정신을 갖출만한 환경이 형성되어 있었던 덕분이다. 아버지로부터 직간접적으로 사업가가 갖추어야 할 자질들을 배우고, 넓은 대양을 항해하며 미지의 세계를 향한 두려움 없는 도전정신을 키웠다. 이처럼 탄탄한 토양 덕분에 박은관은 청산에 입사한 이후 많은 것을 흡수하며 거침없이 성장해나갔다.

박은관이 청산에서 처음으로 맡은 일은 '해외영업'이었다. 국내의 핸드백 해외 수출전문 업체들과 비교하면 나름의 규모를 갖춘 청산이었지만 그렇다고 해서 해외영업부서가 따로 있을 만큼 체계적이지는 못했다. 그래서 이전까지 정홍덕 회장이 직접 그 일을 하고 있었다. 박은관이 청산에 들어오자 정홍덕 회장은 "일을 제대로 하려면 해외시장을 알아야 한다"며 작정하고 발령을 내린 것이다.

입사한 지 한 달 정도 지날 무렵부터 정홍덕 회장은 외국 바이어와의 미팅 자리에 박은관도 참석하도록 지시했다. 정홍덕 회장이 미팅을 주도하겠지만 박은관은 내심 자신의 역할에 대해 걱정되기도 했다. 아직 업무파악도 제대로 돼 있지 않았을뿐더러, 미팅 대상이 외국인 바이어들이니 소통이 쉽지 않을 듯했다. 평소 영어에 관심이 많아서 읽고 쓰는 것은 나름의 자신이 있었지만, 태어나서 단 한 번도 영어로 대화를 나눈 적이 없었으니 주눅이 드는 것은 당연했다.

'중요한 상담인데 신입사원인 내가 말을 할 기회나 있겠어? 회장님이 알아서 다 하시겠지.'

박은관은 정홍덕 회장이 있는데 무슨 걱정이냐며 스스로에게 마음 편하게 미팅에 임하자고 주문했다. 정홍덕 회장은 수십 년 경력을 가진 해외 바이어 미팅 베테랑이었다. 표정만 보고도 상대가 원하는 것을 정확하게 파악할 줄 알았다. 그런 사람과 함께 하는 미팅이니 사실 별다른 준비가 필요 없었다.

미팅이 시작되자 바이어가 먼저 질문을 던졌다.

"I want to confirm the finished product. Show me the one."

간단한 영어인데도 어쩐 이유에선지 정 회장은 대답이 없었다.

"……."

그렇게 잠시 침묵이 맴돌았다. 박은관은 당연히 정홍덕 회장이 대답하리라는 생각에 가만히 있었고, 정 회장은 무슨 꿍꿍인지 박은관만 계속 쳐다보고 있었다. 정 회장이 박은관을 쳐다보고 있으니,

바이어의 시선도 당연히 박은관에게 향했다. 박은관은 억울하다는 듯 바이어를 향해 손사래를 치고는 정 회장에게 말했다.

"회장님! 빨리 답변을 하셔야죠."

"싫어. 갑자기 말하기가 싫어졌어. 더듬거리더라도 자네가 미팅을 진행하게."

"네?"

박은관이 잠시 간과한 게 있었다. 청산의 정홍덕 회장은 꽤 재미있는 사람이라는 사실이다. 그날 미팅이 특별하거나 복잡한 이야기가 오갈 자리는 아니었다. "어느 정도 진행되었느냐?", "완성품 샘플을 보여 달라", "납품일은 맞출 수 있겠느냐?" 등등의 간단한 이야기만 오가면 되는 자리였다. 그러니 정홍덕 회장은 선뜻 박은관에게 미팅을 진행하게 한 것이다.

정 회장은 바이어에게 "Sorry"라고 말하고는 아예 자리에서 일어서서 회의실 문을 닫고 나가버렸다. 박은관은 난감한 표정으로 바이어를 바라보았다. 이건 정말 낭패다. 혼자 힘으로 해결해야 한다. 그러려면 무슨 말이든 내뱉어야 했다.

"음……."

머릿속으로는 문장이 만들어지고 있었지만, 입 밖으로는 단어 하나도 나가지 못했다. 태어나서 이렇게 난감하긴 처음이었다. 박은관의 등줄기로 식은땀이 흐르기 시작했다. 바이어가 하얗게 변한 박은관의 얼굴빛을 보고는 걱정스러운 듯 물었다.

"Do you have any pain?"

"Yes!"

예스라니! 생전 단 한 번도 예스맨 역할을 해보지 않은 사람이 당황하니 '예스'라는 대답이 먼저 튀어나왔다.

"Okay, I see. Let's postpone our meeting for another day."

"Thank you. Thank you."

"Yes"와 "Thank you" 단 두 마디로 진행된 미팅은 결국 다음으로 미뤄졌다. 정흥덕 회장으로선 전혀 예상하지 못했던 일은 아니었다. 그럼에도 정흥덕 회장이 신입사원이었던 박은관을 단독으로 해외 바이어와 미팅을 시킨 것은 그의 기본적인 능력을 신뢰한 측면도 있었지만 무엇보다도 무대포로 부딪혀야 영어가 빨리 는다는 사실을 알고 있었기 때문이었다. 실제로 박은관은 그렇게 몇 번 부딪히고 나서 영어 미팅에 대한 나름의 대처법이 생겼다.

우선 박은관은 해외 바이어와 미팅이 잡히면 사전에 준비를 철저히 했다. 준비 작업을 철저히 하면 실전 미팅에서 대화를 줄일 수 있다. 말하자면, 호들갑스럽게 '선빵'을 날리는 것이다. 개발부서 직원들에게 의뢰해서 워크시트를 미리 만들고, 설명하기 편하게 그림을 다 그려 넣었다. 그뿐만 아니다. 협상해야 할 가격도 미리 타이핑해 두었다. 바이어가 여러 말 물어보지 않게 완벽하게 준비한 것이다.

발생할 수 있는 모든 상황을 그려놓고 준비를 해놓은 덕분에 미팅은 수월하게 진행되었다. 오히려 해외 바이어들은 박은관의 철저한 준비에 높은 점수를 주기도 했다. 정작 문제는 다른 곳에 있었다. 비즈니스 미팅 자리가 아니라 이후에 이어지는 식사 자리였다. 즐겁고 유쾌해야 할 만찬 시간이 박은관에게는 지옥처럼 느껴졌다. 알아들을 수 없는 본토 발음에, 자국인들만 알 수 있는 신변잡기적인 대화

소재, 느닷없이 날아오는 난감한 질문들이 박은관을 궁지로 몰아넣었다. 그렇다고 해서 세일즈맨이 자신의 물건을 사가는 고객, 그것도 외국에서 직접 찾아온 고객과의 저녁 식사를 피할 수는 없다. 그러니 그 자리가 지옥이 될 수밖에 없었다.

남자들의 군대 생활이 그렇듯 아무리 죽을 것 같이 어렵고 힘든 일도 시간이 지나면 적응이 되기 마련이다. 박은관도 그렇게 3개월 정도 고생하고 나니 해외 바이어의 이야기가 조금씩 귀에 들리기 시작했다. 가만히 보니 그들이 하는 이야기가 그리 다양한 게 아니었다. 몇 시간 계속 웃고 떠드는 것 같지만 결국 대화의 소재는 핸드백, 패션, 여행, 출장지의 호텔, 먹을거리, 야구, 미식축구 정도로 제한적이었다.

힌트를 얻은 박은관은 미팅 날짜가 잡히면 상대 바이어가 개인적으로 좋아하는 정보를 구해와 무작정 외웠다. 샌프란시스코 49ers 미식축구팀을 좋아하는 미국 바이어가 찾아올 때는 그 팀의 지난 5년 동안의 성적과 선수 프로필을 공부했고, LA 다저스 팬이면 다저스 스타디움의 입장료까지 머릿속에 넣었다. 저녁 자리에서 대화가 통하지 않아 고생하는 것도 싫었지만, 무엇보다도 자기의 일을 즐거운 마음으로 하기 위해서는 일을 함께하는 사람과의 교감과 소통이 중요하다는 생각에 밤을 꼬박 새우면서 눈물 나게 준비한 것이다.

현장의 중요성은 아무리 강조해도 모자람이 없다. 탁월한 전략가의 기질을 가지고 있다고 해도 현장을 겪어보지 않으면 진정한 승자가 될 수 없다. 괴테가 『파우스트』에서 "모든 이론은 회색이며, 오직 영원한 것은 저 생명의 나무다"라고 한 것은 탁상공론의 공허함보다 실천의 가치를 강조한 것이다. 그래서 기업은 갈수록 스펙이 좋은 인재보다 현장에의 적응성과 창의적인 사고와 행동이 뛰어난 인재를 구해야 한다. 그런 기업이라면 당연히 정흥덕 회장처럼 직원이 스스로 자신의 과제를 인식하고 헤쳐나갈 수 있도록 멍석을 깔아줄 것이다. 그런데 정작 당사자가 이 멍석의 의미를 모른다면 어떻게 될까? 그저 짓궂은 상사의 억지라고 생각한다면 그건 기회를 놓치는 것밖에 되지 않는다. 억지가 아니라 자신이 한바탕 흥을 내고 재주를 마음껏 뽐내야 하는 멍석임을 아는 사람은 제대로 놀기 위해 준비를 한다.

자신에게 주어진 일을 단순히 업무로만 본다면 '밤을 꼬박 새우며 눈물 나게 준비'하는 열정은 생겨날 수 없다. 현재 내가 하는 일이 꿈을 이루기 위한 초석임을 아는 사람만이 열정을 발휘할 수 있다. 기업과 리더도 마찬가지다. 현재에 충실한 것 못지않게 비전을 꿈꾸고 미래를 준비해야 한다. 그 비전과 미래가 성공을 불러오는 열정을 이끌어낼 것이기 때문이다.

SIMONE | 04 | STORY

즐기는 자가 리드한다

박은관은 청산에 입사한 지 3개월도 채 안 되어서 첫 해외출장을 떠나게 되었다. 아무리 30여 년 전의 일이라지만 입사한 지 3개월 남짓 된 신입사원에게 해외출장을 맡기는 것은 참으로 파격적인 일이 아닐 수 없었다. 박은관의 끼와 기질을 알아본 정흥덕 회장의 배려였다.

1980년대 초는 해외여행이 제한적이어서 외교나 무역, 회사 업무 등 국가에서 인정한 목적이 있는 사람만 외국에 나갈 수 있었다. 그 흔치 않은 기회가 박은관에게 느닷없이 주어진 셈이다. 불과 수개월 전만 해도 해외에 나갈 것이라고는 본인 스스로도 생각하지 못했다.

행선지는 당시 청산의 원단 수입 주 거래처가 있었던 봉제 산업 도시 피렌체였다. 피렌체는 지금도 환상적이지만, 자료 사진조차 많지 않았던 그 시절에 그 모습을 직접 눈으로 확인한다면 감탄이 절로 나올 수밖에 없었다. 박은관 역시 피렌체가 충격 그 자체로 다가왔다. 박물관이라고 생각될 정도로 예술적인 건물들이 줄줄이 서 있는 것도 놀라운 일이었지만, 정작 박은관을 놀라게 한 것은 한 집 건너 하나 식으로 널려 있던 패션 매장들과 거리에서 만난 사람들의 총천연색 패션이었다. 당시만 해도 우리나라 상점에 걸린 옷은 검정이나 흰색, 감색이나 아이보리색이 전부였다. 그런데 피렌체 상점의 옷은 노랑, 빨강, 파랑, 초록 등 죄다 화려한 색상이었다. 그 무렵은 파격적인 색상을 주로 사용했던 베네통 브랜드가 봉제 산업에서 큰 열풍을 일으키던 시기이기도 했다.

'어떻게 남자 바지가 노란색, 빨간색, 초록색일 수가 있는가?'

어디 그뿐인가. 박은관이 피렌체 베네통에서 직접 확인한 남자 티셔츠 컬러는 무려 열여덟 가지나 됐다. 스스로도 놀라서 벌린 입을 다물지 못했다. 게다가 라임, 오렌지 등 컬러를 부르는 명칭도 새로웠다. 그냥 있을 수가 없었다. 박은관은 무엇인가에 홀린 듯 가지고 있던 돈을 몽땅 털어 열여덟 가지 컬러 셔츠를 모두 샀다.

어릴 적 바다를 보며 세상이 넓다는 것을 깨달았던 박은관은 또 한 번 우물 밖의 풍경을 보게 된 것이다. 그러나 그 광경을 눈이 휘둥그레져 넋을 놓고 보고만 있지는 않았다. "어떻게 남자 바지가……"라는 호기심으로 'Why?'를 떠올렸다.

'Why?'는 개인의 사고능력뿐만 아니라 기업의 문제 해결 과정에도 매우 중요한 키워드라 할 수 있다. 『와이에서 출발하라Start with why』라는 책을 내면서 사고체계의 혁신을 강조한 미국 랜드연구소RAND Corporation의 객원 연구원이자 기업과 각 기관에 'Why'의 가치를 전파하고 있는 사이먼 시넥^{Simon Sinek}은 기존의 사고체계를 비판했다.

사람들의 사고체계는 대부분 'What'으로 시작해서 'How'를 거쳐 'Why?'로 이어진다. 기업 대부분은 자사가 만든 제품의 품질에 대해서 강조하는 경향이 짙다. 가령, 자동차라면 엔진 성능이 어떻고 부품 모델이 무엇이라는 식으로 광고한다. 하지만 대부분의 소비자는 그것과 관련한 전문지식이 없다. 그저 기업의 입장에서만 자신들의 우수성을 강조하는 것뿐이다. 그러나 혁신적인 기업은 소비자로 하여금 'Why?'를 떠올리게 한다. 애플이 그런 경우다. 감성적인 광고를 통해 소비자로 하여금 '왜 저 제품이어야 하지?'를 떠올리게 하고 난 뒤에 'How'와 'What'을 보여준다.

이처럼 기업이 'Why?'를 먼저 제시해줄 수 있어야 하듯이, 개인도 자신을 둘러싼 환경과 사물, 그리고 주어진 과제에 대해 'Why?'를 떠올릴 수 있어야 한다. 그래야지만 그 대상이 가지는 창의성과 본질적인 가치를 이해할 수 있다.

● 내 삶에 '패션'을 심어라

봉제 산업 도시로의 첫 출장은 박은관 인생을 송두리째 바꾸어놓았다. 자신의 삶과 전혀 무관하다 여겼던 '패션'에 지대한 관심을 갖게 되었다. 피렌체 거리의 옷에서 받은 충격은 한동안 사라지지 않았고, '핸드백을 만드는 내가 앞으로 이렇게 근사한 물건을 만들어야 한다'고 생각하기 시작했다. 좋은 물건을 만들어서 세계 곳곳에 많이 팔고 싶다는 사업가적 야망을 뛰어넘어 진정한 '패션'의 의미를 생각하는 창조자적 야망을 갖게 된 것이다.

박은관은 한국에 돌아와서 우선 패션 용어라도 알아야겠다는 생각에 종로서적과 교보문고를 돌며 패션 관련 책들을 사 모으기 시작했다. 패션 트렌드는 미군 부대 앞에서 파는 해외 패션 잡지를 통해서 익혔다. 혼자 공부하다가 궁금한 것이 생기면 유럽 출장에서 패션 관계자에게 직접 물어 해답을 찾았다. 그렇게 한 해 두 해 지식과 경험을 쌓으면서 패션에 대한 안목을 갖추어갔다. 핸드백의 소재가 어떻게 만들어지는지, 디자인은 어떤 과정을 거쳐서 완성되는지, 박음질은 왜 이렇게 하는지 등 핸드백의 전반적인 제조 원리를 알게 된 것이다.

원단이나 사서 돌아갈 줄 알았던 한국의 젊은이가 "이 패턴은 어디서부터 이어져 왔나요?", "앞으로 어떤 디자인이 유행할까요?" 같은 질문을 던져대니 유럽의 패션 전문가들도 그 열정이 마음에 들었는지 박은관에게 몇 번이고 자세히 설명을 해주곤 했다. 그렇게 질문과 답을 주고받다가 친구처럼 가까워진 사람들도 많았다. 박은관이 청산에서 독립하여 시몬느를 창업할 때 결정적인 조언을 해준 프랑코 프랑키^{Franco Franchi}도 그 시절에 인연을 쌓은 사람이었다.

저절로 주어지는 것을 갖는 것과 자신이 원하는 것을 스스로 구하는 것은 그 가치가 다르다. 저절로 주어지는 것은 시간이 지나면 저절로 사라지고, 스스로 구하는 것은 그 구함을 멈추지 않는 한 계속 자신 안에 쌓여 언젠가는 거대한 성을 쌓게 된다. 공자는 "지지자 불여호지자 호지자 불여락지자^{知之者 不如好之者 好之者 不如樂之者}"라고 했다. 이 말은 "아는 사람은 좋아하는 사람만 못하고, 좋아하는 사람은 즐기는 사람만 못하다"라는 의미이지만, 이를 달리 해석하면 "아는 것에서 좋아하는 것으로, 좋아하는 것에서 즐기는 것으로 발전하는 삶을 지향하라"는 의미이기도 하다. 물론 '아는 것'의 출발점은 저절로 주어져서 갖는 것, 즉 누군가가 떠먹여 주는 앎이 아닌 스스로의 호기심과 열정에 의한 구함이어야 한다. 그래야지만 좋아하게 되고, 즐기게 된다.

"두드리는 자에게 문은 열릴지니"라는 말은 개인과 기업의 기본적인 자세와 태도여야 한다. 현재의 위상이 시장의 지배적인 위치에 있다고 해서 두드리지 않고 구하려 하지 않는다면 어느덧 도태의 길로 들어설 수밖에 없다. 한때 글로벌 1위의 자리에 있다가 순식간에 나락으로 떨어진 기업들의 행태가 대부분 그랬다. 코닥이 디지털카메라 기술이 등장했을 무렵, 그 기술에 대해 두드리고 구했더라면 그리 몰락하지 않았을 것이다.

박은관이 패션에 대해 공부하고 연구하게 된 것도 이러한 호기심과 열정이 바탕에 깔렸기 때문이다. 당시 그가 패션에 대해 얼마나 열심히 공부했는지는 그의 과거 기록을 보면 고스란히 알 수 있다. 박은관이 그 시절 썼던 일기를 보면 그날그날 터득한 패션 정보들이 깨알처럼 적혀 있다. 그뿐만 아니다. 그는 외국 출장을 다녀온 후 출장 보고서를 쓸 때도 달랐다. 일정과 그날 처리한 업무만을 적는 단순한 보고서가 아닌 패션 전반에 대한 자신의 통찰을 기록한 것들이 많았다. 국내 패션 제조업이 앞으로 걸어가야 할 방향들에 대한 고민이 그때 이미 시작된 셈이다. 패션을 알고 좋아하고 즐기게 되니, 마침내 개인의 성공과 회사의 성공을 넘어 더 큰 판을 보는 눈이 생긴 것이다.

인물을 파악하는 힘이 탁월한 정홍덕 회장이 박은관의 보고서를 무심히 넘길 리 없었다. 정홍덕 회장은 형식적이지 않은 데다, 일에 대한 열정이 고스란히 담긴 박은관의 보고서가 마음에 들었다. 박은관의 보고서에는 청산이 시급하게 시행해야 하는 일이 무엇이고, 장기적으로 어떻게 변화해 나아가야 하는지에 대해 고민한 흔적들이 보였다. 누가 지시한 것도 아닌데 스스로 그러한 분석과 통찰까지 해낸 것을 보며 정홍덕 회장은 흡족한 미소를 지었다. 한눈에 보기에도 '핸드백 만드는 일을 정말 좋아하고 있구나!'를 느낄 수 있었던 것이다.

일이라는 게 한번 재미를 느끼기 시작하면 실력이 일취월장하기 마련이다. 해야 할 일이 계속 눈에 보이고 하고 싶은 일도 생긴다. 이렇게 자기 일을 좋아하고 즐기며 성장한 사람들은 결국 그 기업의 핵심인재가 된다. 박은관이 바로 그런 경우였다.

박은관은 입사한 지 1년 만에 대리가 되었고, 대리 6개월 만에 과장, 과장 1년 만에 차장이 되는 등 초고속 승진을 이루어냈다. 과장 시절부터는 회사에서 비서와 운전기사를 붙여주기도 했다. 또 부서를 책임지는 부장이 됐을 때 그의 나이는 불과 29세였다. 아무리 중소기업이라지만 지금 시대에서는 상상하기도 어려운 초고속 승진이었다.

● 주인보다 더 밝은 눈을 가져야 진정한 주인이 된다 ─────

주인 한 사람의 눈이 하인 열 사람의 눈보다 밝다는 말이 있다. 물론 주인이되 하인의 마음으로 산다면 하인보다 못한 눈을 가졌을 것이며, 하인이되 주인의 마음으로 산다면 주인 못지않게 밝은 눈을 가졌을 것이다. 결국 어떠한 마음으로 사느냐에 따라 하인 같은 주인이 될 수도, 주인 같은 하인이 될 수도 있다.

주인 같은 마음으로 사는 사람은 언젠가 주인이 될 가능성도 그만큼 높아진다. 세계적으로 유명한 화가이자 조각가인 미켈란젤로도 한때는 남의 집 하인으로 지냈던 시절이 있었다. 그는 어린 시절에 부잣집 정원사로 일했는데, 업무 시간은 물론이고 업무가 끝난 후에도 화분에 꽃무늬를 조각하며 정원을 아름답게 꾸미는 일에 열중했다고 한다. 이를 눈여겨본 주인이 그 이유를 묻자, 미켈란젤로는 그것이 자신을 즐겁게 하기 때문이라고 답했다. 결국 어린 정원사의 일에 대한 애정과 주인의식에 감탄한 주인이 그의 재능을 더욱 키울 수 있도록 후원해주었다고 한다.

자기 일을 즐기는 사람은 누가 시키지 않아도 스스로 일의 주인이 된다. 일에 대한 애정이 남다르기 때문이다. 박은관 역시 자기 일을 즐기는 만큼 누구보다 성실하고 열정적으로 일했다. 청산의 신입 사원 시절 박은관이 이루어낸 것들을 살펴보면 그저 회사에서 맡은 일을 성실하게 수행하는 평범한 직장인이 해낸 것이라고는 도무지 믿을 수 없을 만큼 큰 성과를 일구어냈다. 입사할 당시 450만 달러였던 청산의 수출 실적을 6년여 만에 8000만 달러로 거의 20배 이상 늘리기까지 거의 모든 역할을 박은관이 해냈다고 해도 과언이 아니다. 이런 놀라운 성과를 단순히 연말 인센티브를 더 타기 위한 노력쯤으로 치부할 수는 없다. 이는 박은관이 가지고 있는 또 하나의 남다른 DNA인 '오너십^{Ownership}'으로 설명할 수 있는 일이다.

박은관은 신입사원 시절부터 마치 청산의 오너라도 된 듯 회사의 미래에 대해 고민이 많았고, 그 고민의 끝은 실천이었다. 누가 시키지도 않았는데, 청산의 나아가야 할 방향을 고민하고 '고품질 고부가가치 지향'이라는 목표를 설정했다. 그리고 목표를 달성하기 위한 아젠다를 스스로 정하고 해결하려 했다. 그가 직장생활을 하면서 일하는 기준을 '개인의 성공'이 아니라 '회사의 성공'에 두었다는 것만 보더라도 그가 일개 직원이 아닌 오너의 마음으로 자신의 일에 임했음을 잘 알 수 있다.

실제로 그가 청산에서 이루어낸 '제품 고급화'가 회사 성장의 결정적인 역할을 했다. 당시 청산은 해외시장에서 중저가 이미지를 가지고 있었다. 박은관은 청산이 중저가 이미지를 벗어내고 고급 이미지를 입혀야 경쟁에서 앞서 나갈 수 있다고 정흥덕 회장을 설득했고, 결국 청산은 그 변신을 통해 성장할 수 있었다. 갈수록 국내 핸드백 제조업체 간 경쟁이 심해지던 시기라는 것을 감안하면 당시 박은관의 판단은 탁월했다.

물론 오랜 시간 이어져 오던 중저가 이미지를 탈피하고 고급화 전략으로 변신한다는 것이 말처럼 쉬운 일은 아니다. 스스로 고가제품을 만들고 싶다고 해도 수주를 해오지 못하면 말짱 도루묵이다. 더군다나 당시 해외시장에서 우리나라의 핸드백 제조기술은 그 정도로 높게 인정받지 못하는 상황이었다. 품질이 따라주지 못하는데 가격만 올린다고 고급화가 이루어지는 것이 아니다 보니 무엇보다도 세계적으로 인정받을만한 품질을 유지하는 것이 관건이었다. 게다가 품질에서 절대 뒤처지지 않는다고 해도 그들이 청산을 선택할만한 분명한 이점이 있어야 했다.

이때 수주를 위해 청산이 선택한 방법은 유럽의 봉제 산업에 뒤지지 않는 높은 품질을 유지하면서 가격을 낮춰 경쟁력은 높이는 것이었다. 청산은 봉제 산업 원단으로 봉제 산업의 최고급 제품과 품질은 같게 만들면서 가격은 그들보다 50달러 싸게 납품하는 방식으로 승부를 걸었다. 예상대로 이러한 청산의 전략이 세계 핸드백 시장에서 먹혀들었다. 그중에서 특히 청산의 규모를 일순간에 바꾸어놓은 대형 거래처 '리즈 클레이본Liz Claiborne'과의 계약을 이끌어낸 인물이 바로 박은관이었다.

SIMONE | 05 | STORY

핸드백을 든 작은 거인

1976년 미국에서 탄생한 토탈 패션 브랜드 리즈 클레이본은 시작부터 럭셔리 핸드백을 만들었다. 창업자였던 디자이너 리즈 클레이본은 의류뿐 아니라 핸드백 시장에서도 럭셔리 브랜드로서의 성공을 꿈꾸며 이탈리아의 봉제 산업 공방에 핸드백 제조를 맡겼다. 브랜드의 탄생은 미국이었지만, 철저하게 유럽 명품 브랜드의 성공 과정을 밟으려 했던 것이다.

이 선택은 리즈 클레이본이 시장에 정착하는 데에 큰 도움을 주었고, 초창기에는 꽤 성과를 거두었다. 공격적인 경영과 마케팅이 시장에서 좋은 반응을 얻은 것이다. 그러나 이내 한계에 부딪혔다. 인건비가 오를 대로 오른 유럽의 봉제 산업 도시에서 핸드백을 제작하다 보니 원가가 너무 높았던 것이다. 판매가를 높이고 싶어도 이미 시장에서 자리를 확고하게 잡은 샤넬이나 루이뷔통 수준의 가격으로는 승산이 별로 없었다. 결국 제조 단가를 낮추는 수밖에 별도리가 없었는데, 이는 곧 유럽의 봉제 산업 공방에서의 생산을 포기하고 다른 국가를 찾아야 한다는 의미였다.

리즈 클레이본은 명품 핸드백 제조의 본산이라 할 수 있는 유럽의 봉제 산업 도시를 포기하고 미국과 가까운 남미 국가에 핸드백 제조를 맡기기 시작했다. 그러나 남미 국가는 납품일이 들쭉날쭉했다. 당시 남미 거의 모든 나라의 치안이 불안했던 탓이다. 제조업은 안정된 품질을 유지하지 못하거나 약속한 납품일을 맞추지 못하는 것이 치명적인 결함으로 작용한다. 하루빨리 탈출구를 찾지 못한다면 리즈 클레이본은 기업의 존폐를 걱정할만한 큰 위기를 맞게 될 상황이었다. 그때 리즈 클레이본에 같이 일해보자며 찾아온 작은 거인이 있었다. 그가 바로 박은관이다.

기회는 운이 아니다. 상황과 때를 잘 맞춰야 기회가 생기는 법이다. 리즈 클레이본은 분명 유럽과 남미가 아닌 다른 지역을 찾아야만 자신들의 문제를 해결할 수 있었다. 이제 막 성공으로의 도약을 꿈꾸는 기업이라면 이런 '기회의 조건'을 면밀히 파악하고 있어야 한다. 즉, 준비하고 있어야 한다는 것이다. 리즈 클레이본의 다급한 사정을 꿰뚫었을 뿐만 아니라 그들이 필요한 조건인 '기술력'과 '신뢰'를 겸비하고 있었던 박은관과 청산은 그야말로 기회의 조건을 갖추었던 것이다.

"행운이란 준비가 기회를 만났을 때 생기는 것이다"라는 세네카의 말처럼 박은관은 준비하고 있었고 기회를 만났다. 그렇다면 그 결과는 아무래도 행운, 즉 성공의 가능성이 더 높지 않았을까?

● 미국을 넘어 유럽을 점령하라

성공을 위해서는 기회를 감지하는 것도 중요하지만 그보다 더 중요한 것은 찾아온 기회를 날째게 움켜쥐는 발 빠른 실행력이다. 봉제 산업 지인들로부터 리즈 클레이본이 새로운 제조 파트너를 찾는다는 이야기를 전해 들은 박은관은 즉시 미국으로 향했다. 리즈 클레이본이 처한 어려움과 솔루션을 모두 알고 있었던 박은관은 청산에서 제조한 핸드백 샘플을 들고 당당히 리즈 클레이본에 손을 내밀었다. 박은관은 리즈 클레이본에 청산이 만든 핸드백과 청산이 그동안 일궈낸 성과들을 보여주었다. 한국이라는 나라, 특히 청산에 대해 전혀 정보가 없었던 담당자들은 박은관의 브리핑을 듣고 깜짝 놀랐다.

"정말 대단합니다! 한국의 작은 회사가 어떻게 이렇게 높은 품질의 제품을 만들어왔습니까?"

그들은 감탄사를 연이어 내놓았다. 박은관은 첫 미팅에서 구세주 대접을 받았다. 리즈 클레이본과 청산의 이해관계가 딱 맞아떨어진 제안이었다. 그들은 한국 제조업체의 제조 실력을 인정하고 품질과 가격조건을 흔쾌히 받아들여 계약은 이내 성사가 되었다.

박은관은 리즈 클레이본과의 협상에 자신이 있었지만, 그가 미국으로 떠났을 때 청산의 관계자 중에 그 계약이 실제로 성사되리라고 생각한 사람은 아무도 없었다. 왜냐하면 그동안 청산에서는 리즈 클레이본과 같은 명품 브랜드를 만들어본 적이 없었기 때문이다. 그러나 박은관은 달랐다. 이미 수차례 봉제 산업 출장을 통해 청산의 핸드백 제조 기술이 유럽 봉제 산업의 기술과 크게 다르지 않다는 사실을 알고 있었다. 비슷한 실력에 더 낮은 단가라면 이를 마다할 회사가 얼마나 될까. 더군다나 상대는 위기에 빠진 회사다. 박은관은 한번 승부를 걸어볼 만하다는 판단이 들어 핸드백을 들고 미국행 비행기를 탄 것이다.

어느 날 갑자기 찾아온 핸드백을 든 작은 거인은 리즈 클레이본에 엄청난 행운을 가져다주었다. 리즈 클레이본은 청산과 계약한 후 안정적으로 시장을 확대해나갔고, 한 때 세계 패션업계를 좌지우지하는 수준까지 성장했다. 1980년대 후반에는 연 매출 10억 달러 이상으로 세계 최고 매출을 기록하기도 했다. 매출규모 기준으로 미국에서 두 번째 큰 패션회사로 자리 잡은 것도 이 무렵이었다.

물론 청산 역시 리즈 클레이본의 손을 잡음으로써 놀라운 성장을 이루어냈다. 그 시절 청산은 리즈 클레이본 제품을 도맡다시피 했다. 세계에서 손꼽히는 패션 브랜드의 핸드백을 대량으로 생산해냈으니 청산의 매출이 수직 상승한 것은 더 말할 필요도 없었다. 이내 대한민국 최고의 매출을 기록했고, 그 모든 것이 박은관의 공이나 다름없었다.

리즈 클레이본과 청산의 인연은 비단 이 두 기업만의 성장과 변화로 끝나지 않았다. 이들의 성공적인 거래는 세계 명품 핸드백 시장에 큰 변화의 물꼬를 트는 계기가 되었다. 1970년대 세계 명품 핸드백 시장은 유럽 브랜드들이 독점하다시피 하고 있었다. 제조시장 역시 마찬가지였다. 명품 핸드백은 거의 모두 유럽의 봉제 산업 공방을 중심으로 만들어지고 있었다. 한국을 비롯한 그 외 대륙에서 만들어낸 핸드백들은 모두 중저가에 불과했다. 부가가치가 높은 제품들은 모두 유럽이 만들고 있었던 셈이다.

당시 우리나라에서 만든 핸드백은 물량으로만 본다면 단연 세계 1위였다. 하지만 아쉽게도 부가가치가 높은 유럽 명품 브랜드가 아닌 탓에 인지도는 아주 낮았다. 명품은커녕 미국 중저가 백화점의 기획 상품이나, 핸드백 종합 매장의 한 코너를 장식하는 제품으로 만들어지는 수준이었다. 그야말로 질이 아닌 양으로 승부를 거는 셈이었다. 지금 식으로 따지자면, 백화점 진열용이 아니라 할인마트용으로 따로 제작한 제품을 주로 만든 것이다. 이는 비단 우리나라 제조업체만 겪는 일은 아니었다. 유럽이 패션 브랜드를 독식하던 그 시절에는, 지금은 패션 선진국이 된 미국과 일본을 비롯한 거의 모든 나라가 그런 대접을 받았다. 그만큼 명품 핸드백 시장에서 유럽은 독보적인 존재였다.

핸드백 제조에서 고가 제품과 중저가 제품의 생산이 구분된 것은 단순히 가방을 만드는 기술의 차이 때문만은 아니었다. 유럽 외에는 제대로 된 명품 핸드백 브랜드를 가지지 못했던 그 시절에는 오직 유럽만이 명품 핸드백을 만들 수 있다는 분위기가 만연해 있었다.

핸드백 브랜드를 만들고 시장에 안착시키는 일은 열정만으로 이룰 수 있는 일은 아니다. 핸드백은 제조 과정이 의류나 구두 등 다른 패션 품목들보다 훨씬 복잡하다. 고품질 제품을 만들어낼 수 있는 기술력을 갖췄다 하더라도 핸드백을 제조하는 나라의 문화사회적인 수준, 세계시장의 평가, 인지도 등이 뒷받침되어야 한다. 상업적인 분야에서는 늘 선진국 소리를 듣는 미국도 명품 핸드백 브랜드 안착에 시간이 걸린 게 이 때문이다.

랄프로렌, DKNY 등 미국에서 만들어진 디자이너 브랜드들은 1960년대에 이미 세계 시장에서 큰 인기를 얻고 있었다. 하지만 핸드백이 빠진 의복 중심 라인이었다. 1980년대까지 명품 핸드백은 유럽 브랜드의 독무대였다. 미국 브랜드가 꽃을 피운 것은 1990년대 이후이다. 명품 핸드백 시장에서 철옹성과도 같은 유럽의 장벽에 균열을 일으킨 것이 바로 미국 브랜드 리즈 클레이본이었고, 그들의 든든한 제조 파트너로 막강한 힘을 실어주었던 것이 청산이었다. 그리고 청산의 중심에 박은관이라는 작은 거인이 있었다.

● 매스티지 시장을 잡아라

유럽의 명품 핸드백을 떠올리면 수백 년의 전통이 있는 것처럼 느껴지지만, 핸드백이 등장한 것은 그리 오래된 일이 아니다. 산업적인 의미에서 핸드백의 등장은 제2차 세계대전 이후 여성들의 사회 진출이 이루어진 시기와 일치한다고 보는 것이 전문가들의 일반적인 견해이다. 외출할 일이 없었던 여성들이 거리에 나오면서 물건을 들고 다녀야 할 가방이 필요하게 되었고, 그 무렵부터 핸드백이 등장했다는 게 전문가들의 분석이다. 그러니 핸드백의 역사라고 해봐야 70여 년 정도에 불과하다.

핸드백이 세상에 처음 나왔을 때는 디자인 체계도 없었고 패턴도 들쭉날쭉했다. 그저 '여성들이 어깨에 메고 다니는 크지 않은 가방' 정도의 의미였다. 가격도 비싸지 않았다. 그러다 사회에 진출하는 여성 수가 늘어나면서, 그중에는 '나의 가치를 대변해줄 특별한 핸드백'을 원하는 계층도 생겨났다. 이런 시장을 읽고 유럽의 사업가들이 고가의 제품을 만들어 등장시킨 것이 지금의 명품 핸드백이다. 전통 있는 유럽 공방을 끌어오고, 왕실의 역사를 가져와서 럭셔리 브랜드로 탈바꿈시킨 것은 순전히 사업가들의 전략이있다.

주로 모자와 옷을 만들던 샤넬이 '여성 해방' 스토리를 가지고 '2.55'란 제품으로 핸드백 시장에 뛰어든 것이나, 투박한 남성용 여행 가방을 만들던 루이뷔통이 고급스러운 여성용 핸드백을 만들기 시작한 것도 여성 시장 확대를 눈으로 확인하고 시장에 뛰어든 결과이다. 그러니 샤넬이나 루이뷔통의 핸드백 역사도 그리 길지 않다.

길지 않은 역사임에도 명품 핸드백은 단기간에 수많은 여성의 마음속으로 파고들었다. '럭셔리 핸드백은 영국의 차 한 잔'이라는 말이 생겨날 정도로 영국 소비자들은 명품 핸드백과 친숙하다. 물론 이러한 관심은 직접 구매로 이어지기도 하고, 단순히 가슴 속 열망으로만 남아 있기도 하다. 하지만 중요한 것은 영국을 비롯한 세계 각국의 여성들이 명품 핸드백을 소유하고 싶어 한다는 사실이다.

"여성들이 수백만 원을 호가하는 명품 핸드백에 끌리는 이유는 무엇일까?"

이 물음에 대한 대답으로 여러 전문가가 의견을 내놓았다. 심리학적인 분석에서부터 경제 발전단계에 따른 분석까지 다양하다. 그중에 가장 많은 의견이 판타지를 좇는 여성의 심리와 가장 잘 부합하는 제품이 명품 핸드백이라는 주장이다.

여성들은 기본적으로 신데렐라 이야기 같은 판타지에 매료되는 습성이 있다. 현실의 척박한 삶과 달리 자신은 선택받은 운명일지도 모른다는 생각을 마음 한 곳에 가지고 있다는 이야기이다. 여성들이 남자들보다 귀족문화를 더 흠모하는 것도 가슴 속에 그런 판타지를 가지고 있기 때문인데, 패션 사업가들 눈에는 그 부분이 마케팅의 중요한 포인트로 작용해 명품 핸드백이 호황을 누리게 되었다는 주장이다. 물론 이러한 판타지가 비단 명품 핸드백에만 통하는 것은 아니다. 명품을 더욱 명품답게 보이게 하는 것이 이러한 판타지적인 요소인 만큼 많은 명품 브랜드가 제품에 판타지를 가미한다.

피렌체에 본사를 둔 이탈리아 명품 브랜드의 한 크리에이티브 디렉터는 고전적인 요소가 많은 봉제 산업의 어느 도서관에서 패턴을 연구한 후 스카프를 디자인해서 상품으로 출시한 적이 있었다. 그런데 페라가모의 마케터들은 이 스카프를 13세기에 지어진 '두오모 Duomo' 대성당에서 스테인드글라스를 통해 비친 저녁 햇살에 영감을 받아 디자인했다고 광고했다. 당연히 스카프는 엄청나게 비싼 가격에 팔렸다. 연구와 고심 끝에 패턴을 디자인했다고 말하기보다는 대성당의 스테인드글라스에서 영감을 받았다고 하는 것이 훨씬 더 환상적이며, 이 환상이 스카프의 가격을 껑충 뛰어오르게 해준다. 결국 이런 현실적이지 않은 이야기가 여성들에게는 판타지가 되고 명품이 되는 것이다.

오랜 시간 유럽 현지에서 이런 명품 핸드백의 탄생과 성장 과정을 눈으로 확인해온 박은관은 유럽의 고가 명품 브랜드 제품의 꾸며진 스토리를 들으면 가끔 너무한다는 생각에 거부감이 들었다. 그는 현실과는 괴리된 판타지가 아닌, 노력과 열정으로 충분히 이룰 수 있는 꿈을 느끼게 할 명품이 필요함을 느꼈다. 핸드백 역시 명품의 품질을 유지하며 가격만큼은 합리적인 '매스티지Masstige' 제품이 대세가 되어야 한다고 생각했다.

공급에 비해 수요가 많으면 가격이 상승하는 깃이 시장의 법칙이다. 하지만 때론 그것을 위반하는 새로운 영역을 만들어내기도 한다. 갖고 싶지만 가질 수 없는 것, 꿈꾸지만 이룰 수 없는 판타지인 '초고가 명품'을 과감히 버리고 소비자는 '합리적 명품'을 선택했다. 명품이 만들어낸 고전적인 판타지는 그동안 유럽이나 미국, 일본 등 선진시장에서 통했지만, 이제는 개발도상국 이외에는 쉽게 통하지 않는다. 합리적인 소비를 시작한 선진시장의 소비자들은 동화 속 이야기에 더 이상 매혹되지 않는다. 그보다는 코치나 마이클 코어스처럼 합리적인 가격에 품질 좋은 매스티지 제품을 더 선호한다. 실현 불가능한 동화 속 판타지가 아닌 스스로의 노력으로 이루어가는 현실의 꿈을 선택한 것이다.

명품을 향한 열망이 강해지자 자신의 현실을 뛰어넘는 과소비나 사치가 아닌 현실 속의 합리적인 소비를 선택했다. 즉, 명품의 대중화 현상이 일어난 것이다. 대중Mass과 명품Prestige의 합성어인 '매스티지'라는 단어는 BCGBoston Consulting Group의 수석 부사장인 마이클 실버스타인Michael J. Sliverstein이 2003년 《하버드 비즈니스 리뷰Harvard Business Review》에 '대중을 위한 명품'이라는 기사를 발표하면서 처음 알려진 단어이다. 중산층의 소득이 증가하면서 고소득층의 전유물이었던 명품 브랜드의 상품과 서비스를 원하는 새로운 소비층이 생겨나고, 고급품에 비해 저렴하면서 감성적 만족을 제공받고 싶은 요구에 의해 매스티지 제품이 탄생했다고 설명했다. 특히 소수에게만 허락되는 품질과 브랜드 이미지를 앞세웠던 고가의 명품업체보다 대중적인 성향을 겨냥한 브랜드로 발전했다. 이러한 트렌드와 라이프 스타일은 패션, 뷰티업계에도 영향을 주고 있다.

앞서 말했듯 매스티지라는 단어는 2003년에 처음 만들어졌지만, 고가 럭셔리 핸드백 브랜드 시장에 파고들어서 성공한 최초의 매스티지 브랜드는 1980년대 말 세계적인 열풍을 일으킨 리즈 클레이본이었다. 1970년대 런칭할 때는 유럽의 명품 핸드백과 마찬가지로 초고가로 시작했지만, 청산과 만난 이후 매스티지 브랜드로 탈바꿈했다. 품질은 유지하고 가격은 낮추면서 소비자들로부터 큰 호응을 얻은 것이다.

기업은 시장의 룰을 따라가거나 후발주자로서의 모방만으로는 성공할 수 없다. 특히 이미 시장의 질서가 확립된 상황에서 균열을 내고 진입한다는 것은 매우 어렵다. 시장을 주도할 수 있는 새로운 룰을 만들어 판을 흔들어야 한다. 청산이나 리즈 클레이본이 다른 브랜드와 경쟁하면서 진정한 명품의 위상을 갖추기 위해서는 뭔가 다른 방식으로 기존 시장에 접근해야만 했다. 이른바 '게임의 룰'을 바꾸는 것이다. 기존의 생산 메커니즘을 따라 했다간 영원히 2인자, 아니 아류의 수준에서 벗어나지 못한다. 요즘 각광받는 패스트 패션업체의 부상은 게임의 룰을 바꿈으로서 기존 패션업계의 아성을 조금씩 무너뜨릴 수 있었던 것이다. 이미 시장에서 확고한 브랜드 인지도를 가지고 있던 기존 업체는 광고나 자신만의 고유한 디자인을 패션쇼에 선보이는 것에만 치중했다. 하지만 자라나 유니클로와 같은 패스트 패션 업체는 소비자들의 정서적 변화를 재빨리 파악하고 'fast'라는 가치를 디자인, 생산, 유통 등에 반영하여 성공을 거두었다. 새로운 게임의 법칙을 만들어내서 성공한 것이다.

새로운 룰을 찾기 위해서는 통찰력을 갖추어야 한다. 박은관은 리즈 클레이본이 시장에서 승승장구하는 모습을 보면서 매스티지 브랜드의 확장을 확신했다. 실제로 리즈 클레이본의 뒤를 이어 코치, 마크 제이콥스, 마이클 코어스 등 미국 브랜드들이 줄줄이 성공 신화를 써냈다.

매스티지 시장의 확장으로 앞으로 초고가 유럽 명품 브랜드의 미래는 그다지 순탄해 보이지 않는다. 중국(세계 명품시장의 20~30%를 소화)을 비롯한 개발도상국 시장에서는 매출 상승세를 이어가고 있지만, 20~30년 후에는 매출 감소가 시작될 것으로 예상한다. 봉제 산업으로 대변되는 유럽의 핸드백 공방 축소로 유럽 생산물량이 줄어들면서 브랜드 가치에 대한 재평가가 끊임없이 이루어지고 있는 것도 유럽 명품 브랜드의 미래가 순탄치 않을 것이라는 사실을 잘 말해주고 있다.

이러한 변화의 물결을 감지한 유럽의 고가 명품 브랜드 역시 다양한 서브 브랜드로 매스티지 시장에 파고들고 있다. 조르지오 아르마니Giorgio Armani의 서브 브랜드로 '엠프리오 아르마니Emporio Armani', 도나카란 뉴욕Donna Karan New York의 'DKNY', 베르사체Versace의 '베르수스Versus', 마이클 코어스의 '마이클 마이클 코어스Michael Michael Kors', 프라다의 '미우미우MiuMiu', 마크 제이콥스의 '마크 바이 마크 제이콥스Marc by Marc Jacorbs'가 모두 매스티지 브랜드이다.

때가 오면 돛을 올려라

창조는 세상에 없던 전혀 새로운 것을 만들어내는 것이기도 하지만 기존의 것을 깨부수어 다른 것을 만들어내는 것이기도 하다. 특히 비즈니스 세계에 창조란 나만의 영역을 개척하는 것이다. 그것이 전혀 새로운 것이든 다른 것이든 상관없다. 기존의 것과 확연히 구분되어 고객이 나를 찾아오게 하면 된다. 시장을 지배하는 강자의 힘이 강할수록 그들과 유사한 전략으로는 역전할 가능성이 낮다. 오히려 다른 전략을 구사함으로써 새로운 시장을 창출하는 것이 더 승산이 있다. 앞서 말한 것처럼 게임의 룰을 바꾸는 것이다. 게임의 룰을 바꾼다는 것은 또 다른 '최초'를 만들어냈을 때 그 효과가 더욱 커진다. 이러한 전략은 업종을 불문하고 후발주자로서 가장 매력적인 것이라 할 수 있다. 앞에서 언급했던 패스트 패션 업체의 등장도 전혀 새로운 방식의 패션 비즈니스 메커니즘을 선보여 성공한 것이다. 항공업계에서도 이러한 시도가 있었고 성공을 거둔 사례가 있다.

세계 항공업계는 포화상태이다 못해 대형 항공사마저 자금난에 시달릴 정도로 시장이 좋지 않았다. 영국도 사정은 마찬가지였다. 브리티시항공^{British Airways}의 시장 지배력은 마치 넘을 수 없는 철옹성과도 같았다. 이런 영국 항공 사업에 도전장을 내민 기업이 있었다. 리처드 브랜슨이 설립한 버진애틀란틱^{Virgin Atlantic}은 CEO의 별명이 '괴짜'인 것처럼 기존의 항공 사업과는 전혀 다른 방식으로 시장에 접근했다. 고작 한 대의 비행기로 사업을 시작한 이 항공사를 보고 당연히 주위에서는 무모하다고 조롱할 뿐이었다. 그런데 이 비행기에는 일등석이 없었다. 그 대신에 비즈니스 클래스의 요금으로 '어퍼 클래스'를 만들어 경쟁사의 일등석보다 더 좋은 서비스로 제공했다. 훨씬 싼 가격에 더 좋은 서비스가 제공되니 고객들은 점차 이 항공사로 몰려들기 시작했고, 이러한 혁신 덕분에 각종 비즈니스 관련 상을 받으며 글로벌 브랜드로 알려지게 됐다.

버진애틀란틱은 저가 항공사로서의 자리매김을 확고히 했다. 그러나 저가 경쟁력이 곧 질 낮은 서비스라는 인식을 깨뜨렸다. 그러므로 성공할 수 있었던 것이다. 분명 가격에 대한 인식을 새로이 하면서도 높은 수준의 서비스를 제공했으므로 고객과 시장에서 인정을 받았다.

명품 핸드백 시장에서 전통적인 유럽 명품 브랜드의 입지가 굳건한 만큼 그 진입 장벽도 높을 수밖에 없다. 높은 품질, 세련된 이미지, 비싼 가격이 명품을 상징하는 것들이라면 그중 파괴해도 되는 것, 아니 파괴함으로써 오히려 새로운 시장을 개척할 수 있는 것이 바로 '비싼 가격'이다. 박은관이 청산을 명품 핸드백 제조회사로 이끌며 선택한 전략이 비로 이것이다. 명품의 높은 품질, 세련된 이미지는 유지하되 가격을 합리적으로 하여 새로운 소비자를 창출하는 것이다.

● 저원가 혁신을 이끌어라 ───────────

패션 브랜드는 의류에서 시작해 핸드백으로 마무리된다. 하나의 패션 브랜드가 토탈 패션 브랜드로 완성될 때 핸드백이 가장 뒤에 오는 이유는 그만큼 소비자에게 인식되는 시간이 오래 걸리고, 시장의 진입 장벽 역시 높기 때문이다.

유럽에 이어 패션 시장에 본격적으로 뛰어든 미국의 브랜드들은 꽤 고생스런 과정을 거쳐서 토탈 패션을 완성했다. 명품시장을 선점한 유럽 브랜드들이 시장이 고도화될수록 입지를 더 탄탄히 다졌기 때문이다. 랄프로렌, 도나 카란, 캘빈 클라인Calvin Klein 같은 미국의 유명 디자이너들은 명품 핸드백 시장의 진입 장벽이 워낙에 높은 탓에 의류를 먼저 내놓고 인지도를 얻은 이후에 핸드백을 내놓는 과정을 거쳤다.

이런 이유로 미국의 핸드백 브랜드가 시장에서 자리 잡은 역사는 유럽보다 짧다. 현재 우리에게 가장 대중화된 코치가 처음 시장에 등장한 것은 1960년대이지만 대중적으로 인지도를 얻은 것은 그로부터 30년이나 후인 1990년대 이후의 일이다. 박은관이 핸드백 영업에 열을 올리던 1980년대만 해도 미국의 핸드백 기업들은 대부분 유럽의 기존 브랜드를 카피해서 아시아에 파는 식으로 사업했다. 독자적인 제품을 생산하기엔 그 위험도가 너무 컸기 때문이다.

이에 비해 미국 브랜드 중 리즈 클레이본은 꽤 파격적인 길을 걸었다. 처음부터 프로페셔널 디자이너들과 함께 핸드백 생산을 시작해 인기를 끌었고, 고가에서 중저가로 콘셉트를 전환한 이후에도 시장에서 폭발적인 반응을 얻었다. 그 성공의 과정에 앞서 설명한 바와 같이 '저원가 혁신Low-cost Innovation(저원가 고품질로 경영수지개선을 이끌어내는 경영변화)'으로 경영효율을 높여준 제조 파트너 청산이 있었고, 그 과정은 당시 청산의 해외영업부 부장이던 박은관이 주도했다.

리즈 클레이본의 성공은 곧 청산의 성장을 의미했다. 수출액 8000만 달러를 달성했던 1986년에 청산은 국내 200여 개 핸드백 제조회사 중 최고 매출을 기록했다. 바로 아래에 있는 회사의 연 매출이 1000~2000만 달러 정도였으니 청산은 단연 독보적인 1위였다. 핸드백 제조 시장에서 박은관의 리즈 클레이본 개척은 혁명이나 다름없는 사건이었다.

청산과 리즈 클레이본의 거래가 윈윈의 결과를 이끌어내자 박은관은 더욱 공격적으로 해외영업에 나섰다. 더군다나 리즈 클레이본의 대성공 이후 미국에는 많은 경쟁 브랜드가 생겨났다. 박은관은 이러한 경쟁 브랜드의 등장을 위기가 아닌 기회로 보아야 한다는 생각이 강했다. 당시 박은관은 핸드백에 대한 지식이나 해외 네트워크가 한창 확장돼 있었고, 무엇보다도 한번 일을 내고야 말겠다는 열정이 대단했다. 미국 틴에이저 의류 브랜드로 1980년대 중반에 급성장한 에스프리Esprit에 그가 무작정 찾아가서 "핸드백을 만들자!"고 한 것도 그때였다.

박은관이 에스프리를 설득하려고 들고 간 무기는 리즈 클레이본 성공사례 하나였다. 그때까지만 해도 의류만 만들던 에스프리 사장 조지 헨슬러는 "핸드백이 의류보다 시장성이 커서 리스크가 적다"고 강조하는 박은관의 제안에 귀가 솔깃했다. 핸드백이 의류보다 리스크가 적다는 것은 그만큼 시장성이 있다는 의미였다. 게다가 리즈 클레이본을 성공시킨 장본인이 직접 찾아와 "핸드백 소재 개발부터 디자인, 제조까지 모두 알아서 해줄 테니 같이 일해보자"고 하니 딱히 마다할 이유가 없었다.

박은관의 제안을 받아들인 에스프리는 1986년 8월 핸드백을 런칭했고, 그와 동시에 'ESPRIT'라는 철자가 적힌 가방은 전 세계 틴에이저의 필수품으로 자리 잡을 정도로 반응이 폭발적이었다. 청산에서 제작된 가방이 모두 완판되는 등 시장에 새로운 붐을 일으키고 있었다.

리즈 클레이본에 이어 에스프리까지 도맡게 된 청산은 그 기세가 하늘 높은 줄 모르고 올라가고 있었다. 그러나 그와 동시에 예상치 못한 문제가 발생했다. 어느 날 리즈 클레이본으로부터 편지 한 장이 날아왔다. "당장 에스프리와 거래를 중지하지 않으면 청산과의 거래를 끊겠다"는 내용이었다. 리즈 클레이본은 자신들의 도움으로 성장한 청산이라는 OEM 업체가 다른 파트너와 손을 잡고 더 큰 거래를 하고 있으니 화가 난 것이었다.

엄밀하게 말하자면, 10대 위주였던 에스프리와 20대 이상이 주고 객이었던 리즈 클레이본 소비층은 구분돼 있었다. 그럼에도 불구하고 리즈 클레이본에서는 청산이라는 한 회사가 두 브랜드를 만드는 것에 문제를 제기하고 나온 것이다. 리즈 클레이본의 결정에 따라 회사의 운명이 좌지우지될 수밖에 없었던 청산 입장에서는 참으로 난감한 상황이 아닐 수 없었다.

물론 리즈 클레이본의 입장이 이해가 안 가는 것은 아니었다. 소비층이 구분되긴 하지만 가방이라는 큰 시장을 생각하면 정당한 클레임이라고 할 수 있었다. 10대가 주고객이라지만 20대 이상에서도 에스프리 가방을 들고 다니는 경우가 많았고, 더군다나 에스프리에서 언제 시니어 브랜드를 런칭할지 모르는 상황이었다. 그만큼 당시에는 에스프리 열풍이 거셌다.

청산에서도 리즈 클레이본을 설득할 나름의 근거는 가지고 있었다. 두 브랜드의 생산라인을 완전히 분리해서 따로 운영하고 있었기 때문이다. 그러나 청산 입장에서는 마진 구조도 좋고 주문 물량도 많았던 리즈 클레이본의 뜻을 거역하기는 어려웠다. 결국 청산은 에스프리를 포기하는 것으로 결론을 내렸다.

며칠 후 박은관, 청산의 정흥덕 회장, 조지 헨슬러 에스프리 사장이 뉴욕에서 만났다. 조지 헨슬러 사장도 리즈 클레이본이 청산에 압박을 가하고 있다는 사실을 알고 있었다. 정흥덕 회장은 청산의 입장을 설명하며 "모든 것에 문제가 없도록 소재, 스타일, 패턴들을 정리해서 넘겨줄 테니 이해해 달라"고 정중하게 부탁했다.

에스프리 사장은 말없이 고개만 끄덕였다. 사실 그는 미팅 약속

이 잡힐 때부터 정흥덕 회장이 어떤 이야기를 할지 알고 있었다. 왜
냐하면 기존의 조건으로 계속 거래를 할 요량이었으면 굳이 미국까
지 날아올 이유가 없기 때문이다. 그가 '거래 중단' 선언을 예측하고
있으면서도 기꺼이 미팅 자리에 나온 것은 다른 이유가 있었다.

"청산에서 독립해서 사업을 시작하지 않으시겠어요? 우리가 물량
을 밀어드리리다."

조지 헨슬러 사장은 평소 눈여겨보았던 박은관에게 느닷없는 제
안을 해왔다. 전혀 예상하지 못한 뜻밖의 제안에 박은관은 당황스
럽기 그지없었다. 당시는 창업에 대한 일말의 가능성도 생각하지 않
았을뿐더러, 본인이 모시는 회장을 옆에 두고 창업 가능성을 이야기
하는 것 자체가 무례한 일이라고 생각했다. 더군다나 에스프리 핸드
백 제조가 더 이상 불가능하다는 이야기를 하기 위해 만났던 자리였
다. 박은관은 조지 헨슬러 사장의 제안을 일언지하에 거절했다. 어
색하게 시작된 그 자리는 더 어색하게 끝이 났다.

● Are you ready? ───────────────────────

박은관은 에스프리 사장의 제안 이전까지 단 한 번도 창업을 생
각해본 적이 없을 만큼 청산에서 하는 일이 재미있었다. 아버지와
약속한 3년을 넘기고 7년째 청산에 머물고 있었던 것도 그 때문이었
다. 설령 사업한다고 해도 가업을 이어받는 쪽이었지 핸드백 제조회
사의 신규창업은 아니었다.

그러나 그렇게 거절해서 끝날 일이 아니었다. 더군다나 에스프리 사장 조지 헨슬러는 굉장히 집요했다. 그 미팅 이후에도 "당신이 결심만 하면 일은 얼마든지 주겠다"며 계속 박은관에게 창업을 제안했다. 상대가 그렇게 나오다 보니 박은관도 흔들리기 시작했다. 그는 '스스로 자격이 되는지', '지금이 적절한 타이밍인지' 등을 고민하기 시작했다.

그 무렵은 DKNY, 폴로 랄프로렌Polo Ralph Lauren, 캘빈 클라인 등 미국 브랜드들이 세계 핸드백 시장에서 두각을 나타내기 시작할 때여서 에스프리 제품을 성공적으로 만들어내기 시작하면 추가로 영업할 대상은 많았다. 더군다나 박은관은 이미 글로벌 핸드백 시장을 손바닥 보듯 꿰고 있는 핸드백 전문가였다. 조지 헨슬러 사장의 제안은 좋은 기회임이 분명했다.

당시 박은관의 나이는 서른셋이었다. 지금 기준으로 보자면 창업하기에 이른 나이지만, 남자 결혼적령기가 20대 중반으로 지금보다 사회적 연령이 몇 년 정도 빨랐던 1980년대 기준으로는 사업을 시작하기에 적절한 나이였다. 박은관은 뜨거운 사업가의 피가 흐르는 집안에서 나고 자란 사람이다. 더군다나 어린 시절부터 미지의 세상에 대한 도전을 꿈꾸었던 것이 그저 평범한 직장인 생활로 채워질 리 만무했다. 지금 하느냐, 나중에 하느냐, 그리고 무엇을 하느냐의 문제만 남아 있을 뿐이었다. 물론 아버지와의 약속, 청산에서 정흥덕 회장과 쌓은 신뢰 등을 생각하면 망설여지는 것도 사실이었다.

후회하지 않을 현명한 선택을 하기 위해서는 여러 가지 생각들의 우선순위를 정하고 버릴 것은 과감하게 버려야 한다. 가장 먼저 내

던져야 할 것은 "내가 이렇게 하면 다른 사람들이 나를 어떻게 생각할까?"라는 지나친 염려다. 세상 모든 일은 동전의 양면과 같아서 결코 모두를 만족시킬 순 없다. 중요하지 않은 것, 덜 중요한 것들을 하나씩 버리고 나면 마지막엔 가장 중요하고 가장 절실한 것 하나가 남는다. 그것을 선택하면 된다. 박은관 역시 외부 조건들은 과감히 거두고 본인만 생각하니 핸드백회사 창업에 대한 열망만 남았다. 덜 중요한 것들이 사라진 자리에 가장 중요하고 절실한 하나가 남은 것이다.

창업을 처음 지지한 동지는 물론 아내인 시몬느 '오인실'이었다. "시작하고 싶으신 것 아닌가요?" 반어적인 미소로 동의해주었다.

그다음 찾은 사람은 아버지가 아니라 정홍덕 회장이었다. 창업에 대한 결정을 내리기에 앞서서 정 회장과 이야기를 나누고 해결하는 게 순서라고 생각했다. 당시는 청산이 한창 성장하던 시기인 데다가 그 중심에 있었던 인물이 박은관이다. 가장 중요한 순간, 가장 중요한 인물이 같은 업종의 창업을 위해 떠난다는 것은 자칫 정홍덕 회장과 척을 질 수도 있는 일이었다. 그는 마음을 단단히 먹고 정 회장을 찾아갔다.

"창업을 논의 드리러 왔습니다."

박은관이 창업 이야기를 꺼냈을 때 의외로 정홍덕 회장은 덤덤했다. 그는 박은관의 창업을 기정사실로 받아들이고 있었다. 에스프리와 미팅 이후 박은관이 흔들리고 있다는 것도, 사업가의 피가 끓기 시작했다는 것도 이미 파악하고 있었다.

"창업은 스스로 판단하게. 단지 내 경험을 바탕으로 의견을 말하자면 사업을 잘하려면 돈, 실력, 타이밍 이 세 가지가 맞아야 한다네. 돈이야 자네 부친에게 빌리면 될 테고, 실력도 문제 될 게 없어. 내가 보기에 자네는 타고난 세일즈맨인데다가 본인의 노력으로 제품 개발 능력까지 갖추고 있으니 더 말할 게 없지. 누구를 막고 물어봐도 우리 회사 매출을 수십 배 이상 성장시킨 주역은 자네야. 마지막 조건은 타이밍인데, 이건 나로서도 잘 모르겠으니 자네 스스로 판단해 봐."

정흥덕 회장은 핸드백 사업에 대한 박은관의 깊은 애정과 탁월한 사업가적 재능을 잘 알기에 설령 그가 독립을 선언한다고 해도 경쟁자로 견제하거나 만류할 생각은 없었다. 오히려 박은관의 사업이 자리 잡을 수 있도록 도움을 줄 생각이었다. 단지 창업 타이밍이 맞는지에 대한 확신이 없었기에 적극적인 권유를 망설였다.

비즈니스에서 타이밍은 아주 중요하다. 특히 신규 창업한 회사가 시장에 연착륙하려면 대내외적인 시기가 잘 맞아야 한다. 아무리 창업자의 능력이 뛰어나고 아이템이 좋아도 시기를 잘못 만나면 빛 좋은 개살구가 되는 경우가 많다. 그래서 사업은 때론 운이 좌우한다는 말이 나오는 것이다.

지금은 스마트폰이 많이 보급되었지만, 스마트폰 이전에는 PDA가 있었다. 비록 전화 기능은 없었으나 '손에 쥐는 작은 컴퓨터'의 원조였던 셈이다. 당시 PDA의 대세는 'Palm'이라는 제품이었다. 그런데 이 제품보다 먼저 나온데다 기술력도 획기적이었던 제품이 있었다. 애플이 만든 '뉴턴'이라는 제품이다. 하지만 애플은 너무나 일찍 PDA를 만들었다. 그때만 해도 PDA는 대중들에게 낯선 제품이었고, 또 뉴턴이 소개된 뒤에도 사람들의 일상에서 PDA의 필요성은 그리 크지 않았다. 그래서 이른바 '저주받은 걸작'으로 불리는 신세가 됐던 것이다.

비즈니스와 관련된 여러 판단이 '저주받은 걸작'이나 '때늦은 뒷북' 신세가 되지 않으려면 시장의 흐름을 잘 파악해야 한다. 특히 사업을 새롭게 시작하려는 창업자는 미처 드러나지 않은 시장의 흐름까지도 볼 수 있는 눈을 가져야 한다. 해외 패션 기업들의 OEM 생산을 중심으로 발전한 우리나라 봉제 산업은 1970년대 본격화되었고, 1980년대 초에 정점에 달했다. 유럽보다는 미국 브랜드의 신발, 의류, 핸드백 제작을 도맡다시피 하고 있었다. 그 시절 임금 경쟁력을 갖춘 양질의 노동자가 넘쳐나던 우리나라가 봉제업 호황을 맞은 것은 당연한 일이었다. 그러나 산업은 머물러 있지 않는다. 경제 발전과 더불어 경공업에서 중공업으로, 다시 서비스업으로 발전하는 게 통상적인 흐름이다.

이런 흐름에 따라 1980년대 중반을 지나면서 우리나라 산업도 경공업의 대표격이었던 봉제 산업이 정점을 찍고 정체되기 시작했다. 특히 전 세계 물량의 절반을 생산한다는 말이 있었던 운동화는 한국보다 인건비가 싼 동남아나 중국으로 넘어가고 있었다. 세계 최고라던 부산의 운동화 제조회사들이 문을 닫기 시작한 게 바로 이 무렵이었다. 상황이 이러하니 우리 사회에서도 "이제 제조업 시대는 지났다", "중공업이나 서비스업으로 갈아타야 한다"는 이야기가 여기저기서 터져 나왔다.

정흥덕 회장이나 박은관이 섣불리 시기에 대한 판단을 내리지 못한 것은 바로 이런 사회적인 분위기 때문이었다. 박은관이 창업하겠다고 결심하고 나서 주변으로부터 가장 많이 받은 질문이 바로 "왜 사양산업인 제조업을 시작하느냐?"였다. 실제로 봉제 산업을 중심으로 한 우리나라 경공업은 이미 한계에 도달해 있었다. 정부도 자동차, 조선, 정유, 전자 등 중공업에 힘을 쏟고 있었다. 이런 사회 분위기에 문을 닫는 제조공장이 하루에 수십 개씩 되었다. 주위의 모든 상황이 제조업에 불리하게 흘러가니 핸드백 제조회사의 창업을 두고 박은관은 깊은 고민에 빠질 수밖에 없었다. 그리고 그 고민의 끝에서 박은관은 번뜩이는 섬광을 발견하며 회심의 미소를 지었다.

비즈니스에서 타이밍은 아주 중요하지만 모든 것이 완벽한 타이밍이란 결코 있을 수 없다. 결국 최고의 타이밍은 그것이 필요한 바로 '그 순간'이다. 짐 콜린스는 "실패한 결정 열 개 중 여덟 개는 판단을 잘못해서가 아니라 '제때' 결정을 못 내렸기 때문에 실패한 것이다"라고 했다. 박은관은 국내 산업의 흐름을 바라보며 타이밍을 고민했던 자신이 어리석었다는 것을 알게 되었다. 어차피 박은관이 상대해야 할 세상은 대한민국이라는 좁은 우물이 아니라 드넓은 세상이었다. 우물 안에 갇혀 우물 속 세상을 바라보면 그곳은 절망일 수 있다. 하지만 우물 밖으로 나와 드넓은 세상을 바라보면 그곳엔 무한한 희망이 있다는 것을 알게 된다. 박은관은 무한한 가능성이 넘치는 세계의 바다를 향해 이제는 돛을 올려야 할 시기임을 깨달았다.

대양을 읽는 자가
키를 잡을 수 있다

그들의 위기에서
나의 기회를 찾아라

사람이 볼 수 있는 시야는 180도 정도가 한계라고 한다. 세상의 절반은 보고 절반은 보지 못하는 셈이다. 물론 어떻게 하느냐에 따라 세상 전부를 볼 수도 있다. 세상의 절반이 아닌 전부를 보려면 지금 바라보는 그곳의 반대 방향으로 고개를 돌리면 된다. 생각의 방향을 바꿈으로써 미처 보지 못한 곳을 볼 수 있다.

남과 다른 넓은 시야를 가졌다면 좀 더 세세한 곳까지 볼 수 있는 현미경 같은 눈도 함께 갖춰야 한다. 그래야지만 모두가 "No!"라고 할 때 과감히 "Yes!"라고 외칠 수 있다. 아마존 창업자이자 현재 회장인 제프 베저스Jeff Bezos는 "이건 불가능하다고 말하는 주변 사람들의 말을 믿으면 실패할 수밖에 없다. 항상 이렇게 말해야 한다. 우린 해낼 수 있다!"라고 했다. 180도의 시야를 가진 평범한 사람들이 보는 것과 360도를 보며 디테일한 것까지 놓치지 않는 현미경 같은 눈을 가진 사람들이 바라보는 세상은 결코 같을 수가 없다. 후자에게 기회는 더 크게 더 선명하게 보인다.

박은관이 핸드백 제조 사업을 이야기했을 때 주위 사람 모두가 만류했다. 그들의 설득 논리는 "국내 봉제 산업이 예전 같은 호황을 누리기는 어렵다. 오히려 사양산업이 되어 대부분이 규모를 줄이거나 폐업하는 등 발을 빼고 있는데 왜 막차를 타려고 하느냐?"였다. 틀린 말은 아니었지만 그렇다고 하여 옳은 말도 아니었다. 그들은 자신들이 바라보는 방향에서만 정보를 얻고 판단을 내렸다. 고개를 돌려 또 다른 세상을 바라본다면 그곳에서 전혀 다른 기회를 발견할 수 있다는 것을 미처 알지 못했던 것이다.

기업은 부정적인 상황과 위기에 늘 노출되어 있다. 그런데 불리한 상황에서 위기에 처했다고 해서 암울한 그림자만을 드리운다면 그 기업의 미래는 없다. 스웨덴의 가구 제조업체인 이케아는 위기가 닥치자 시선을 딴 데로 돌려 위기를 극복했을 뿐만 아니라 글로벌 기업이 될 수 있었다. 이케아가 처음 시장에 등장했을 때, 반조립 상태의 가구를 판매하면서 특유의 저가 정책으로 인기를 모으자 기존의 가구 제조업체들은 거센 압력을 가했다. 단체행동까지 하면서 이케아의 영업을 방해하자 이케아로서는 자신들의 판매 정책을 바꾸고 기존의 가구 시장 질서에 따라야 할지를 결정해야만 했다. 그러나 그렇게 할 경우, 이케아는 문을 닫아야 할 판이었다.

이케아는 위기에 봉착하자 시선을 다른 곳으로 돌렸다. 폴란드에 진출해서 그곳에서 직접 원재료를 공급받는 방식으로 엄청난 성공을 거둔 것이다. 이케아가 위기의 상황에 사로잡혀 헤어나지 못했거나 부정적인 환경에 똑같이 부정적으로 대응하느라 시간을 허비했다면 어떻게 됐을까? 아마도 스웨덴의 작은 가구업체로 남아 있었거나, 기존의 업체들 등쌀에 이미 소멸했을지도 모른다.

모두의 시선이 국내에 머물러 있을 때 박은관은 고개를 돌려 더 큰 세계를 바라보았다. 모두의 생각이 중저가 핸드백의 단순 제조에 머물러 있을 때 박은관은 명품 핸드백 제조의 가능성과 가치를 발견하고 "할 수 있다!"를 외친 것이다.

● 위기 속에 기회가 있다

사업을 시작하기 전 마지막 관문은 부친이었다. 언젠가는 아들이 가업을 이을 것이라 믿고 기다리던 아버지의 기대를 무너뜨리는 것으로도 모자라 창업자금까지 빌려야 할 상황이었다. 그래도 가야 할 길이라는 생각으로 부친에게 창업을 이야기했을 때 박은관에게 돌아온 것은 꾸짖음뿐이었다. 특히 사양사업이라 여겨지던 봉제 산업에 뛰어들려 하니 아버지 입장에선 쌍수를 들며 말릴 수밖에 없었다.

"우리나라 봉제 산업은 확실히 쇠퇴하고 있지만, 세계 명품시장은 급팽창하고 있어요. 고가 제품을 수주할 수만 있다면 얼마든지 사업성이 있습니다."

박은관은 부친의 반대에 굴하지 않고 자신의 창업의지를 계속 이야기했다. 청산에서 7년이라는 짧지 않은 세월을 핸드백에 빠져 살며 박은관은 이미 세계 핸드백 시장의 흐름을 읽을 줄 아는 안목이 생겼다. 박은관이 핸드백 시장에 대해 계속 논리적으로 설명하자 부친도 반대만 할 수는 없었다. 그가 셋째 아들에게 마지막으로 건넨 말은 "필요한 자금이 얼마 정도 되느냐?"였다.

박은관이 제조업 경기가 좋지 않은 시기에 아버지에게 돈을 빌려 가면서까지 핸드백 제조회사를 만든 것은 나름대로 세계 명품 핸드백 시장의 흐름을 읽었기 때문이었다. 1980년대는 세계 핸드백 시장의 확대와 더불어 유럽의 명품 제조 기업의 매출이 날로 성장하던 시절이었지만, 정작 제품을 만들어내던 유럽 공방의 장인들은 걱정이 커지고 있었다. 다름 아닌 인력 수급 문제 때문이었다. 명품 핸드백 산업은 호황이었지만 정작 명품 핸드백을 만들 장인들은 갈수록 줄어들고 있었던 것이다.

제2차 세계대전 이후 봉제 산업 경제는 패전敗戰의 그늘 때문에 1970년대까지 힘든 시기를 보냈다. 유럽이 봉제 산업의 발달로 경제 강국이 된 것은 패션과 관광 사업이 호황을 누리던 1980년대 이후의 일이다. 바로 유럽 명품 핸드백이 전 세계적으로 크게 유행하기 시작하면서부터이다. 그런데 아이러니하게도 경기가 좋아지자 봉제 산업의 인재들이 그곳을 떠나기 시작했다. 봉제 산업의 젊은이들은 힘들게 좁은 공방에서 구두나 핸드백을 만드는 일보다는 편안한 일을 찾기 시작한 것이다.

유럽 명품 핸드백 제조를 도맡다시피 해온 봉제 산업 장인들은 거래 차 방문한 박은관에게 점차 자신들의 속마음을 솔직하게 털어놓는 일이 늘어갔다. 당장은 어떻게든 끌어가고 있지만 10년 후에는 공장을 어떻게 운영해야 할지 답이 나오지 않는다는 이야기였다. 그들에게는 위기였지만, 박은관에게 이는 기회였다. 명품 핸드백 제조가 아시아 등 다른 나라로 옮겨갈 수밖에 없는 조건들이 만들어지고 있었던 것이다.

기회는 겉으로 드러난 수치나 현상으로는 쉽게 포착할 수 없다. 그래서 세계 유수의 기업들은 정보의 수집과 더불어 정보에 숨겨진 의미나 가려진 본질을 찾기 위한 노력을 많이 한다. 겉으로 드러난 명품 비즈니스의 화려함과 달리 유럽 봉제 산업의 상황은 암울한 길로 접어들고 있었다. 이런 상황은 그 속을 들여다보지 않으면 쉽게 파악할 수 없다.

재선에 성공한 미국의 오바마 대통령이 첫 출마할 때, 그 누구도 그가 민주당의 대선후보가 되리라고 낙관하지 않았다. 경쟁자가 바로 힐러리 클린턴이라는 이유도 있지만, 무엇보다도 힐러리의 참모들은 이른바 '승리의 공식'을 너무나 잘 알고 있었던 사람이기 때문이다. 그들은 힐러리의 남편인 빌 클린턴이 대통령에 당선될 때, 수치의 힘을 제대로 활용했다. 수치야말로 가장 객관적이고 절대적인 기준이라고 신봉까지 했던 것이다. 그들은 유권자의 마음을 헤아리려는 노력보다 이미 드러난 수치의 우세만을 믿었다. 반면에 오바마 캠프는 겉으로 드러나는 현상보다 유권자들의 숨겨진 욕구를 감지하려 애썼다. 그래서 미국에 필요한 것은 새로운 변화라고 여기는 유권자들의 열망을 포착한 것이다. 그리고 민주당 경선에서 승리했고, 대권을 거머쥘 수 있었다.

기업도 이와 크게 다르지 않다. 겉으로 드러난 각종 수치로 도배

된 시장분석보다 그 이면에 숨겨진 시장의 흐름을 파악할 수 있어야한다. '제조업의 종말'을 이야기하던 1980년대 중후반 박은관이 한국에서 창업을 결심한 데는 이와 같은 배경이 있었다. 즉, 명품 핸드백 제조 분야만큼은 오히려 한국에 기회가 될 거라고 판단했던 것이다. 물론 그 시장을 한국으로 고스란히 가져오기 위해서는 조건이있었다. 봉제 산업 장인들에 비금가는 핸드백 기술자들을 확보해서그에 못지않은 품질을 갖춘 핸드백을 만들어내야 했다.

● 레드오션 안에서 길을 찾아라!

지금 우리 산업을 이끄는 것은 전기, 전자, 자동차, 조선 등 중공업 종목들이지만, 불과 30년 전만 해도 우리 산업은 많은 인력이 투입되는 경공업이 중심이었다. 그 시절에는 전 세계를 통틀어 옷, 신발, 가방 등을 가장 많이 만들던 나라가 우리나라였다. 이런 봉제산업이 무너져내린 것은 산업발전에 따른 인건비 상승이 가장 큰 요인이었지만, 미래의 변화를 예측하고 준비하지 못한 우리에게도 상당한 책임이 있다. 세계 시장에서 경쟁력을 갖춘 우리 고유의 브랜드를 만들지 못했고, 부가가치가 높은 고가 상품을 만들지 못했으며,해외 브랜드의 기획 단계에 참여하지 못한 채 단순 OEM에 의존한점을 패착으로 들 수 있다.

미래에 대한 준비 없이 단순히 주문대로 생산하는 수준으로는 퇴보할 수밖에 없는 게 제조업이다. 바꾸어 말하면, 부가가치가 높은 상품을 만드는 쪽으로 방향을 선회했어야 우리만의 노하우로 시장 경쟁력을 높일 수 있었다. 하지만 안타깝게도 대부분의 기업은 그런 결단을 내리지 못했다. 중저가 제품의 생산에만 의존한 게 문제였다. 제품을 생산한다는 것은 새로운 기술의 개발이나 기술력을 발전시키지 않고 단순하게 주문받은 대로 '저렴한 제품을 정해진 시간에 많이 만들었다'는 이야기와 다르지 않다. 이러한 단순 생산 방식은 언제든 더 나은 조건의 경쟁자가 나타나면 순식간에 빼앗길 수 있는 영역이다.

기업들이 저마다 진입 장벽을 높이 세우는 이유는 이처럼 단순 생산 방식으로 쉽게 경쟁자가 등장하는 것을 방어하기 위해서다. 그 장벽은 월등한 기술력, 끊임없는 차별화를 꾀할 수 있는 창의성이나 심지어 도저히 넘볼 수 없는 규모의 경제를 추구하는 방식으로도 세울 수 있다. 단순한 생산 방식과 저렴한 인건비의 경쟁력만으로 출발할 수 있을지는 몰라도 도약할 수는 없다. 국가에 의해 독점사업으로 규정된 분야, 예컨대 방송이나 통신 사업은 그나마 진입 장벽이 아예 법적으로 보장되어 있지만 대부분의 사업 분야에서 진입 장벽은 하루가 다르게 허물어졌다가 다시 세워진다.

그러나 글로벌 시대의 비즈니스가 대개 그러하듯이 점점 독점화, 규모의 경제화를 통해 시장의 지배적 위치에 있는 기업들이 만든 진입 장벽은 너무나 견고하다. 즉, 과거 단순 생산 방식의 시장에 진입하기는 쉬울지 몰라도 글로벌 시장에 뛰어들기에는 너무나 두터운 장벽이 버티고 있는 것이다. 하지만 그 벽을 꼼꼼히 들여다보면 분명 샛길로 이어지는 구멍을 찾을 수 있다. 니치마켓^{Niche Market}이 바로 그

것이다. 니치마켓이 뜻하는 의미 중에는 '다른 사람들이 아직 찾지 못한 낚시터'라는 뜻이 있다. 그 낚시터를 먼저 찾아 고기를 낚을 수 있으면 된다. 그것이 소위 말하는 틈새시장인데, 처음부터 공룡을 상대하겠다고 무모하게 덤벼들기보다는 나름대로 차별화를 통해 장벽 안으로 들어가 자신만의 영역을 닦아야 한다는 것이다. 그렇다고 해서 이러한 틈새시장의 전략이 가시는 의미가 결코 작은 게 아니다. 직접 경쟁을 하지 않아도 강력한 지배 기업들이 미처 생각지 못한 시장을 찾아낸다는 것 자체가 창의적 도전이다.

신생 기업이 자신만의 니치마켓을 발견했다면 그때부터는 자신을 위한 진입 장벽을 세워야 한다. 한정된 낚시터에 낚시꾼들이 우글거려서야 되겠는가. 발견의 기쁨은 잠시 누릴 뿐이고 장벽을 세우기 위한 기술을 개발하고 고품질의 제품이나 서비스를 내놓을 수 있도록 노력을 기울여야 한다. 그렇지 않으면 마치 과거의 인터넷(닷컴) 버블처럼 한순간에 몰락의 길로 들어설 수 있다.

중저가 상품의 단순 생산 방식의 맹점을 너무나도 잘 알았던 박은관은 1987년 시몬느를 창업할 때부터 초고가超高價 디자이너 라인과 유럽의 명품 브랜드 등 고급시장을 겨냥했다. 주변으로부터 "지금도 공장을 하려 합니까?"라는 말을 들으면서도, 그리고 스스로 핸드백 제조업이 노동 집약적인 봉제 산업이라는 사실을 알고 있으면서도 사업을 시작한 것은 품질을 높이고 고가 제품을 생산하다 보면 언젠가는 길이 보일 것이라고 판단했기 때문이다. 이는 현재가 아니라 미래의 경쟁력을 확보하기 위한 전략이었다. 우리나라가 경공업의 전환점을 맞이하던 시기, 제조업 막차라는 소리가 나오던 상황에서 또 다른 방향에서 열린 길을 본 것이다.

물론 이런 모든 것이 생각만으로 가능하지는 않다. 박은관은 청산에 있는 7년 동안 유럽과 미국을 부지런히 다니면서 쌓은 인맥으로 디자이너 라인과 유럽 럭셔리 브랜드를 유치할 수 있다는 자신감이 있었다. 남이 깔아 놓은 철로 위에 기차를 놓고 달리는 것이 아니라, 힘이 들더라도 철로를 다시 깔겠다는 각오로 사업을 시작했다.

대부분의 사람은 사업을 시작할 때 블루오션을 찾는다. 이미 치열한 경쟁이 벌어지고 있는 레드오션에서 피를 흘리느니 차라리 경쟁이 덜한 블루오션에서 승부를 걸라는 것이다. 그러나 안타깝게도 블루오션이라고 성공을 보장하지는 않는다. 경쟁력만 갖추고 있다면 레드오션에서도 충분히 길을 찾을 수 있다. 사업가는 물론이고 소비자에게도 가장 익숙한 것이 레드오션이기 때문이다. 물론 이 모든 게 경쟁력을 확보했을 때 가능한 일이다. 경쟁력 없이 레드오션에 뛰어들었다가는 그야말로 피 흘리는 경쟁을 치러야 할지도 모른다.

기업이 창업 과정에서 탄탄대로를 기대하기란 어찌 보면 복권 당첨에 가깝다. 더군다나 아무리 블루오션을 찾으려고 노력해도 눈앞에 펼쳐진 바다는 레드오션인 경우가 많다. 블루오션을 찾기란 그리 쉬운 게 아니다. 그렇다고 레드오션이 펼쳐진 바다로, 치열한 경쟁과 거대 기업이 버티는 시장으로 나가려니 스스로 망하는 길로 들어서는 것 같아 주저할 수밖에 없다. 하지만 그렇게 붉게 물든 바다만 바라보고 있으면 다른 세상을 볼 수 없다.

블루오션과 레드오션의 양 갈래 길에서 고민만 한다면 창업은 할 수 없다. 홍콩의 글로벌 컨설턴트인 조 렁Joe Leung 박사는 '퍼플오션

Purple Ocean'이라는 개념을 제시했다. 퍼플은 레드와 블루를 섞을 때 나오는 색이다. 즉, 레드오션이라 해도 새로운 기술력이나 아이디어를 가지고 자신만의 블루오션을 만들어낸다는 것이다. 모두가 "No"를 외치고 더 이상의 발전이 없다고 할 때, 과감한 발상의 전환을 통해 "Yes"를 외칠 수 있다면 성공의 가능성은 매우 높다. 발상의 전환과 더불어 차별화, 새로운 시스템 등의 도입으로 얼마든지 레드오션에서도 블루오션의 영역을 발견할 수 있다. 시몬느라는 신생 기업이 발견한 니치마켓이 곧 퍼플오션인 셈이다.

기업의 미래성장 엔진이란 것도 전혀 새로운 분야보다는 습관처럼 익숙해진 분야에서 나오는 경우가 많다. 물론 그 안에서 남과 다른 차별화를 통해 그것이 경쟁력을 갖춰야 한다. 비즈니스에서 성공한 사람들 역시 자신이 가장 잘 아는 분야에서 자신이 가장 잘하는 것을 확대 재생산해낸 경우가 많다. 자신만의 분야에서 정상을 향해 달려가다가 성공을 맛보는 것이다. 이와는 반대로, 사업에서 실패는 자신의 노하우가 집약된 분야를 제대로 보지 못하고 무모하게 블루오션을 찾았을 때 맛보는 경우가 많다. 무슨 일을 하는지 어떤 분야에 있는지는 중요하지 않다. 모든 문제는 자신에게 있다.

핸드백 제조가 봉제 산업이고, 우리나라에서 저무는 분야라는 사실은 누구나 알고 있었다. 그럼에도 그 안에서 길을 찾은 박은관의 선택과 성공은 레드오션의 치열한 경쟁 속에서 자신만의 영역을 확고하게 찾았다는 점에서 의미가 크다.

인재경영, 인재전쟁

성공한 기업의 특징 중 하나는 남다른 '인재경영'에 있다. 그들은 직원을 최고의 자산으로 본다. 인재경영에 성공한 기업은 뛰어난 성과를 이끌어낼 뿐만 아니라 그 어떤 위기와 환경의 변화에도 능동적으로 대처해낸다. 직원 하나하나가 초강력 에너지가 되어 기업을 위기에서 구하고 안전한 방향으로 이끌어주기 때문이다. 이런 이유로 빌 게이츠, 잭 웰치를 비롯한 수많은 유명 CEO들은 상당한 시간을 인재관리에 투자하고 있다.

타고난 인재를 찾아 그를 내 사람으로 만드는 것도 좋겠지만 더 바람직한 것은 내 사람을 인재로 키우는 일이다. 그런 의미에서 본다면 일본 전산의 마쓰시타 고노스케 회장의 말처럼 "사람을 만드는 회사"가 되는 것이 우선이다. 그는 인사 책임자들이 모인 자리에서 인사과장에게 이렇게 물었다.

"'마쓰시타 전기에서는 무엇을 만들고 있는가' 하는 질문을 받으면 어떻게 대답할 건가?"

이에 인사과장은 "'전기제품을 만들고 있습니다'라고 대답하겠습니다"라고 했다. 그 대답을 들은 마쓰시타 고노스케는 목소리를 높이며 "마쓰시타 전기는 사람을 만드는 회사입니다. 아울러 전기제품을 만들고 있습니다'라고 대답할 수 있어야 한다"고 강조했다. "그렇게 대답하지 못하는 것은 자네가 사람 육성에 관심이 희박하기 때문이다"라는 말을 덧붙이며 인사담당자들이 어떤 마음으로 직원들을 관리해야 하는지에 대해 다시 한 번 강조했다.

조직의 발전을 위해 뛰어난 사람을 모으고, 나아가 조직원들을 뛰어난 인재로 양성하는 것은 경쟁력 있는 제품을 개발하고 생산하는 것만큼이나 중요한 일이다. 제아무리 큰 배도 사람이 없다면 바다로 나갈 수 없다. 어디 그뿐인가. 위험을 발견하고 키를 돌리는 것도 사람이며, 기회의 순간을 포착하고 그물을 던지는 것도 모두 사람이 하는 일이다. 또한 평범한 사람을 뛰어난 인재로 만드는 것 역시 모두 사람이 하는 일이다.

● 사람이 최고인 회사

"사람의 가치를 시장보다 더 크게 본다."

시몬느 경영의 핵심이 되는 이 말처럼 박은관 회장은 제조업의 중심은 사람임을 늘 강조한다. 그도 그럴 것이, 시몬느는 그 태생부터

'사람'과 인연이 깊다. 우선 '시몬느'라는 회사명이 사람에게서 왔다. 시몬느는 박은관 회장이 지은 아내의 애칭이다. 독문학을 전공한 그는 젊은 시절 애인의 이름을 직접 부르는 게 로맨틱하지 않게 느껴져서 '시몬느'라는 이름을 붙여주었다. 시몬느는 독일어로 '너, 당신, 이상형'이라는 뜻이 있다. 사랑하는 사람의 애칭을 회사명으로 쓴 만큼 박은관 회장은 회사에 넘치는 애정을 쏟을 수밖에 없었다.

시몬느 창립의 배경에도 사람이 있다. 청산에서 7년간 해외영업을 맡으며 나름대로 세계적 흐름을 보는 안목을 키웠다지만 가장 중요한 정보는 결국 사람으로부터 얻을 수 있었다. IT 기술의 발달로 모든 정보를 데이터로 취급하여 분석하고 해답을 내놓는 것이 유행이고 제아무리 최첨단 IT 기기를 활용해서 정보를 쉽게 구할 수 있어도 정말 중요한 정보는 컴퓨터가 아니라 사람으로부터 구할 수 있다. 또한 모든 사람이 알고 있는 정보라도 해도 그 정보의 '해석'과 '가공'의 차이는 사람마다 다르다.

최근엔 IT 기술의 발달로 정보는 차고 넘친다. 그러므로 많은 정보를 알고 있다는 것이 차별화의 요인이 되지는 않는다. 그보다 정보를 가공하는 능력을 더 우선시한다. 결국 사람이 관건이다. 그러므로 기술의 발달과 무관하게 사람을 뽑는 일부터 그 사람을 활용하기까지의 과정은 예전이나 지금이나 똑같이 중요할뿐더러 기업의 경쟁력을 키우는 과정이나 다름없다.

시몬느를 창업하려고 할 때 박은관에게 조언해준 유럽의 패션 전문가들이 많았다. 그중에서도 결정적인 이야기를 해준 사람은 패션 유통의 전문가 프랑코 프랑키였다. 그는 박은관이 창업을 고민하고 있을 때 "아시아에서 사업하려면 미국 의류 브랜드를 잡으라"고 여러 번 강조해서 말했다. 이유는 간단했다. 미국의 의류 브랜드들이 1980년대 중반 이후부터 신발, 액세서리를 총망라한 토탈 라이프스타일 브랜드로 갈 것이니 핸드백 제조 기술만 가지고 있으면 분명할 만한 사업이라는 것이었다. 액세서리는 모자, 선글라스 같은 아이웨어, 스카프, 시계, 벨트, 양말 그리고 핸드백 등을 말한다. 그중에 핸드백이 차지하는 비중은 매출 규모 70%에 가깝다. 액세서리의 꽃이 바로 핸드백인 셈이다.

프랑코 프랑키의 이야기를 바탕으로 한다면, 이미 핸드백을 만들고 있는 브랜드가 아니라 기존 의류 브랜드 중에 이제 막 핸드백 사업을 하고 싶어 하는 기업Ready to Brand을 파트너로 잡으면 충분히 사업성이 있었다. 그 당시만 해도 미국에는 핸드백을 만들지 않는 유명 의류 브랜드들이 많았다.

프랑코 프랑키가 박은관에게 준 두 번째 팁은 "봉제 산업의 눈높이와 수준을 이해할 수 있는 공장이 아시아 쪽에 생기면 언젠가는 대박이 날 것"이라는 예측이었다. 핸드백 시장의 성장과 함께 봉제 산업의 제조 수요가 폭발적으로 성장함에 따라 1990년대에는 가격 경쟁력뿐만 아니라 물량을 소화할 능력이 있는 아시아로 자연스럽게 넘어간다는 게 그의 설명이었다.

박은관은 프랑코 프랑키의 조언을 모두 받아들였고, 그대로 실천에 옮겼다. 결과는 대성공이었다. 내수 시장만 해도 상당한 규모를 가지고 있는 미국의 패션 브랜드들은 핸드백을 만들기 시작했고, 유럽의 명품 브랜드들은 제조 공장을 아시아로 이동하기 시작했다.

이처럼 '사람'으로부터 좋은 정보를 얻고, 영감을 얻어 시작한 시몬느는 이후로도 '사람'을 모시는 일에 무엇보다 정성을 들였다. 1987년 6월, 시몬느는 소박한 첫걸음을 떼었다. 자본금은 부친에게 빌린 1억 원이 전부였고 영등포구 대림동에 있는 1층 90평과 2층 70평, 총 160평의 2층짜리 임대건물이 그 터전이었다. 자본도 넉넉하지 않았고 규모도 작았지만 열정만큼은 어느 중견기업 못지않았다. 시몬느에는 보석보다 귀하고 꽃보다 아름다운 자산인 '사람'이 있었기 때문이다. 박은관 회장은 청산에서 함께 이적해온 여섯 명을 포함하여 총 열 다섯 명의 기술자와 함께 첫 시작을 열었다. 많지 않은 인원이었지만 그들 하나하나가 시몬느를 빛내줄 보석임을 알기에 박은관 회장은 자신감으로 충만해 있었다.

"인재가 있다는 소문이 들리면 나는 앞뒤를 재지 않고 그에게 달려가 도움을 요청할 것이다. 인재를 얻을 수만 있다면 그 사람의 비위를 맞추기 위해 염치를 무릅쓰고라도 아부하는 일조차 마다하지 않겠다"고 했던 나폴레옹의 인재 중시 가치관은 결국 그에게 프랑스와 유럽을 가져다주었다. 이처럼 기업의 경영에서 인재의 발굴은 더할 나위 없이 중요하다.

● 정말 필요한 것은 감동이다

'고급품 위주의 새 시장을 개척하고, 청산의 바이어는 건드리지 않는다'는 두 가지 다짐을 되새기며 희망찬 첫 시작을 연 시몬느는 창업 초기부터 정신없이 바빴다. 에스프리 사장이 약속대로 제조 물량을 밀어준 것이다. 덕분에 박은관 회장을 비롯한 시몬느 직원들은 매일 야근하다시피 일해야 했다. 창업 초창기였음에도 3개월 만에 흑자로 돌아선 데에는 에스프리 덕이 컸다. 생산라인이 틀을 잡아가면서 박은관 회장은 일은 얼마든지 가져올 수 있다는 자신감이 생겼다.

주문이 늘어난다고 해서 마냥 좋아할 일은 아니었다. 정작 문제는 영업이 아니라 솜씨 좋은 기술자들을 모으는 일이었다. 예상치 못한 문제였다. 젊은이들이 제조업에 투신하지 않는 분위기는 봉제산업만의 문제가 아니었다. 1987년 한국에도 3D 업종 기피현상이 만연해 있었다. 게다가 지금과는 달리 당시 젊은이들은 대학 졸업장 없이도 은행이나 기업체 회계 부서에 취직하는 것이 어렵지 않았으니 제조업을 선택할 이유가 없었다. 어렵사리 기술자를 구해도 이내 그만두곤 했다. 결국 젊은 노동력은 거의 구하지 못한 채 기존의 기능공들로 회사를 꾸려갈 수밖에 없었다.

박은관 회장은 생각을 달리했다. 구하기 어려운 젊은 인력을 채용하는 대신 서울 시내 여기저기에 흩어진 기존의 장인들을 끌어모으기 시작한 것이다. 당시 국내에는 구로, 명동, 신설동 등지에 가내수공업으로 가방을 만드는 공장들이 많았다. 생산관리팀에서 솜씨 좋다고 소문난 장인들을 발굴해오면 박은관이 직접 면접을 보고 직원을 모았다.

시몬느 초창기에는 핸드백 기술자가 귀해서 누구든 모셔와서 써야 할 판이었다. 사실 이것도 만만한 일은 아니었다. 무엇보다도 가내수공업으로 자유분방하게 일하던 사람들을 회사라는 조직의 틀 안에 집어넣는 일이 쉽지가 않았다. 먼저 맞추어줘야 하는 것은 '돈'이었다. 나름대로 자신을 최고라고 생각하는 기술자들을 데려오려다 보니 임금을 높이 쳐줄 수밖에 없었다. 아직 시몬느의 진면목이 드러나지 않은 상태라 사실 높은 급여 말고는 달리 설득할 무기도 없었다. 박은관 회장은 시몬느에 온 기술자들에게 최고의 대우를 해주었다.

기술자를 데려오는 데 성공했다고 해서 모든 것이 해결되는 것도 아니었다. 힘을 모아 일을 시키는 게 더 큰 문제였다. 다들 혼자 기술을 익히다시피 한 사람들이라 모두 고집이 이만저만 세지 않았다. 기술자들 간에 "내 경력이 너보다 많다", "내가 더 잘 만든다" 등 서열을 나누려는 싸움도 끊이질 않았다. 각각의 개성과 자부심이 대단한 기술자들이다 보니 달래고, 어르고, 설득하느라 시끄럽지 않은 날이 없었다.

장인들을 회사로 끌어모을 때 필요한 것은 돈이지만 정작 회사에 들어온 장인들을 움직이는 것은 돈이 아니었다. 정말로 일이 되려면 그들의 마음을 움직여야 했다. 그래서 정말 필요한 것은 감동이다. 기술자들은 고집도 세고 원하는 방향으로 움직이게 할 때까지는 힘도 많이 든다. 하지만 한번 마음이 통하고 나면 그 이후부터는 오히려 탄탄대로인 경우가 많다. 제조업 종사자들은 기본적으로 삶이 소탈하다. 거리를 두지 않고 마주하고 이야기하다 보면 다 통한다. 그래서 박은관 회장은 기본적으로 사람을 좋아하는 경영자였기 때문에 허물없이 직원들과 소통했다.

기업에는 자사의 제품을 구매하는 외부의 고객뿐만 아니라 제품을 만들어내는 직원, 즉 내부고객도 있다. 고객 존중을 아무리 외쳐도 직원들이 그다지 적극적이지 않을 때, 많은 CEO나 리더들은 직원 탓을 한다. 하지만 정작 문제는 직원이 아니라 윗사람에게 있다. "고객처럼 생각하고 자신이 대우받고 싶은 만큼 고객을 대하라"는 말이 있다. 이 말을 거꾸로 하면 고객을 위해 열심히 일하는 직원은 그에 맞는 대우를 해줘야 한다는 것이다.

직원들에게 몰입과 회사에 대한 헌신을 이끌어내고 싶다면 먼저 직원들을 존중해야 한다. 그저 윗사람의 입맛에 맞게 행동하라고 요구하는 것은 헌신은커녕, 새로운 갈등의 불씨를 지피는 꼴이 될 수 있다. 온라인 경매 업체로 유명한 이베이^{eBay}의 전 CEO 멕 휘트먼_{Meg Whitman}은 부임 당시에 자신이 해왔던 업무 방식과 이베이 직원들의 업무 방식이 다르다는 것을 깨달았다. 워낙 뛰어난 능력을 인정받아 이베이로 영입됐으니 어찌 보면 직원들이 그녀의 방식을 따르는 게 당연해 보였다. 그러나 그녀는 정반대의 선택을 했다. 우선 직원들이 편안하게 자신을 대할 수 있도록 노력하면서 직원들의 말에 적극 귀를 기울였다. 그리고 직원들이 이베이에서 해야 할 일을 깨닫게 하고 더불어 스스로 존재감을 느낄 수 있도록 배려했다. 이러한 그녀의 노력은 말로만 그친 게 아니라 관련 프로그램을 운영하고 직원 개개인과 소통하는 등의 활동으로 꾸준히 이어갔다. 그 결과, 이베이는 그녀가 재임하던 시기에 가장 빠른 성장을 한 회사라는 평가까지 받을 수 있었다.

시몬느의 박은관 회장은 창업하고 10년 가까운 세월 동안 매일 기술자들에게 자긍심을 심어주는 말을 했다. "당신들이 최고다!", "세계 명품 핸드백이 당신들 손끝에서 탄생한다!" 오너가 해주는 말 몇 마디가 그들에게는 큰 힘이 되었다. 이렇게 마음으로 동기를 부여하고 "같이 하자"고 하면, 기술자들이 날밤을 새우면서 일을 했다. 자기를 알아주는 주군을 만나면 충성을 다하는 장수처럼 "여러분이 열심히 해줘서 이번 해외 비즈니스가 정말 잘됐다. 정말 고맙다"는 한마디가 진짜 큰 힘이 되었다. 물론 이는 박은관 회장의 마음에서 우러나오는 진심이었다. 제조업에서 잔뼈가 굵은 기술자들은 그들의 노동을 돈으로 사려는 리더와 그들의 마음에 감동을 주어 노동을 이끌어내려는 리더를 구분할 줄 안다. 박은관 회장은 창업 초기 때부터 직원들과 삼겹살을 함께 구워 먹으며 회사의 비전을 공유하고 그들의 마음을 얻으려 노력했다.

물론 앞서 말했듯 시몬느는 직원들에게 최고의 대우를 해주었다. 최고의 기술자들에게 최고의 대우를 해주는 것은 당연한 일이었다. 이처럼 시몬느가 기술자를 제대로 대우해준다는 소문이 나면서 전국의 핸드백 기술자들이 시몬느로 몰려들기 시작했고, 박은관은 애초에 구상했던 대로 사업을 전개하기 시작했다. 액세서리 분야에서 제대로 승부를 걸려면 기존의 미국 백화점 프라이비트 레이블^{Private} ^{Label}(자체개발상품)이나 중저가 브랜드의 OEM으로는 승부가 나지 않는다. 그래서 박은관 회장은 디자이너 컬렉션이나 유러피언 럭셔리 브랜드 수주에 도전하기 시작했다.

박은관 회장이 초고가 디자이너 컬렉션이나 유러피언 럭셔리 브랜드의 수주를 통해서 사업의 승부를 걸겠다고 말했을 때, 주변에서는 모두 무모한 도전이라며 우려했다. 청산 시절 리즈 클레이본 계약을 끌어오기는 했지만, 초고가 디자이너 컬렉션은 그보다 몇 배는 더 까다롭다. 우리 장인들의 기술이 그들의 요구를 따라가지 못할 것이라는 걱정이었다.

실제로 당시 한국 기술자들이 이탈리아 기술자들과 같은 수준의 결과물을 내놓을 수 있을지는 아무도 장담하지 못했다. 단순 기술은 몰라도 역사나 문화, 수십 년 동안 전해 내려온 노하우는 쉽게 채울 수 있는 부분이 아니었다. 당시 이탈리아 기술자들과 한국 기술자들이 기본 봉제 기술에서는 큰 차이가 나지 않았지만, 소재 개발 능력에서는 차이가 있었다. 유럽의 봉제 산업 장인들이 몇 수 앞서 있었다.

시몬느가 선택할 방법은 한 가지였다. 한국의 장인들을 성장시키고 소재를 이탈리아에서 가져와 제품을 만드는 일이었다. 그렇게 해도 가격은 한국에서 만들어진 제품이 훨씬 저렴했다. 박은관 회장은 이게 가능하다면 유럽이 그랬던 것처럼 유럽 명품 브랜드, 디자이너 컬렉션 라인들을 만들 수 있다고 생각했다. 이것은 박은관 회장이 시몬느를 창립하며 스스로 마음속에 새긴 다짐이자 확신이기도 했다. 7년 동안 청산에서 수출부장으로 일하면서 피부로 느낀 시장의 흐름, 우리 산업의 성장 방향을 감안했을 때 가능성이 있다고 본 것이다.

27년이 흐른 지금 시몬느는 여전히 국내 최고의 장인들을 가장 많이 보유하고 있고, 그들이 더 큰 경쟁력을 만들어주고 있다. 덕분에 유럽이 독점하다시피 했던 초고가 핸드백들의 상당 분량이 시몬느로 넘어왔다. 그의 판단이 옳았다.

"인재를 확보하는 것은 금을 캐는 것과 같다. 금광에서 1온스의 금덩어리를 캐기 위해서는 트럭 몇 대 분의 흙을 파내야 한다"는 데일 카네기의 말처럼 인재를 찾는 일은 엄청난 시간과 노력이 필요하다. 하지만 더 중요한 것은 어렵게 발굴한 인재의 재능을 120% 끌어낼 수 있는 조직의 능력이다. 그리고 정말 중요한 것은 120% 발휘된 인재의 능력을 조직의 발전과 잘 융화시키는 일이다.

경험의 부족을 채우는 것은
노력과 열정이다

패션, 더군다나 명품 브랜드의 변방이라 할 수 있는 대한민국에서 미국의 최고급 브랜드인 도나 카란 뉴욕 컬렉션 수주에 성공해 제품을 만들어낸다! 이는 지금도 대단한 일이지만 1980년대에는 기적에 가까운 일이었다. 더군다나 1987년 시몬느가 창립한 이후 1년이라는 짧은 시간 안에 거둬들인 쾌거라 더욱 의미가 깊다.

창립 이전부터 박은관 회장은 세계 명품 핸드백 시장을 겨냥했지만, 사실 그것이 생각처럼 쉬운 일이 아니란 것도 잘 알고 있었다. 모든 게 성공적으로 진행된 지금은 당시 상황을 쉽게 이야기할 수 있지만, 이름도 없는 신생 업체가 이루어내기에는 너무나 버거운 목표였다. 원산지Country of Origin의 장벽은 지금도 여전히 존재하지만 27년 전에는 더욱 굳건하여 무너뜨리기가 쉽지 않았다. 특히 명품시장에서는 '똑같은 브랜드라고 해도 제품이 어디에서 만들어졌는지'가 제품을 신뢰하는 기준으로 남아 있다.

경험과 성과가 일천한 기업이 성공을 거두기 위해서는 혁신적인 기술력이나 창의성이 필요하다. 그러나 가장 근본적인 성공의 비결은 노력과 열정이라 할 수 있다. 경험이 없다는 것은 거래하는 상대 기업에서나 시장에서나 상당한 핸디캡이다. 이 핸디캡을 보완하려면 경쟁 기업보다 더 큰 노력과 열정이 있어야 한다.

짐 콜린스는 위대한 기업을 일군 사람들의 공통점을 말할 때, '위대함에 대한 집착'을 손꼽았다. 성공적인 도약을 일군 기업들은 경쟁 기업보다 상대적으로 낫다는 평가를 거부한다. 그 어떤 기업보다 더 큰 헌신과 노력의 열정을 쏟아 부어 세계 최고의 기업이 되려고 늘 노력한다. 기업가정신에서 빼놓을 수 없는 게 이러한 노력과 열정이다. 그러므로 이들 기업은 한때 반짝하고 사멸하는 기업의 운명과는 거리가 멀다.

시몬느 창립 초창기는 'Made in Korea'와 'Made in Italy'의 싸움으로 정리할 수 있다. 세계 시장에서는 "최고급 제품에 'Made in Korea'가 찍히면 안 된다"고 말했고, 박은관 회장은 "어차피 이제는 아시아에서 만들어야 한다"고 맞선 것이다. 결국 박은관의 "Why not us?"라는 패기만만한 설득이 그 싸움을 멋지게 승리로 이끈 셈이다. 노력과 열정이 뒷받침된 패기는 창업에 필요한 무형의 자산이다. 아무리 돈이 많아도 창업의 성공을 장담할 수는 없다. 더군다나 남들이 시도하지 않은 도전을 하려 할 때는 더욱 기업가정신이 필요하다.

● 다운스트림에서 업스트림으로

꿈에 가장 빨리 도달할 수 있는 비결은 무엇일까? 그것은 쉬지 않고 우직하게 내딛는 '노력'이라는 발걸음이다. 소의 걸음이 아무리 느려 보여도 걷고 또 걸으면 만 리를 간다는 우보만리牛步萬里의 지혜처럼 목적지가 아무리 멀게 느껴져도 꾸준히 한 걸음씩 내딛다 보면 어느새 그곳에 가 있는 나를 발견할 수 있다.

"Why not us?"를 외치며 도나 카란 뉴욕 컬렉션과 당당히 계약을 체결한 것은 그저 전주곡일 뿐이다. 본격적인 연주를 어떻게 하느냐에 따라 박수를 받을지 야유를 받을지가 결정되는 것이다. 도나 카란 뉴욕 컬렉션과 계약을 체결한 이후 박은관 회장은 곧바로 유럽의 봉제 산업 단지로 날아가 핸드백 240개를 만들 분량의 원단과 부자재를 사왔다. 그리고 명동과 신설동을 돌며 당시 이름을 날리던 가죽 가방 장인들을 모아 며칠 밤낮을 꼬박 새워가며 핸드백 240개를 만들었다. 수주받은 120개의 두 배를 만든 것이다. 그중에서 잘 만들어진 120개를 골라서 미국으로 보냈다. 나머지 120개도 나쁘진 않았지만 미래를 위해 과감히 버렸다.

시몬느에서 만든 120개의 핸드백은 미국에서 전부 팔렸다. 판매 가격도 원래 시몬느에서 제시한 1200달러까지 내리지 않고 이탈리아 제품 가격과 400달러밖에 차이가 나지 않는 1600달러로 책정되었다. 그럼에도 매진이 되었다. 'Made in Korea'가 미국 최고급 백화점에서 제값에 팔린 것이다. 우리나라 패션 역사를 통틀어 역사적인 사건이 아닐 수 없었다. 더군다나 네임밸류를 중요시하는 명품시장에서 일어난 일이어서 더욱 값졌다.

한국에서 만든 제품이 매진사례를 이룬 이유는 '미국'이라는 시장의 특수성에서 그 답을 찾을 수 있다. 만약 유럽이나 일본이었으면 그런 일은 벌어지지 않았을 것이다. 미국 소비자들은 기본적으로 '브랜드' 이름보다 '가격 대비 효용성'을 중요시한다. 한 마디로 합리적인 소비를 지향한다. 이름도 생소한 'Made in Korea' 제품이었지만 'Made in Italy' 제품과 품질에서 차이가 나지 않고 가격이 상대적으로 저렴했으니 '안 살 이유가 없다'는 생각을 한 것이다. 시몬느가 처음 공략 대상을 미국으로 정한 것도 열심히 하면 그것을 인정해주는 합리적인 소비자들이 있는 나라였기 때문이었다.

성공적인 첫 판매 이후 도나 카란 뉴욕 컬렉션의 수주량은 400개, 1200개, 2000개로 계속 늘어갔고 계약 6개월 후에는 '소재 개발부터 제작까지 해달라'는 파격적인 주문이 왔다. 그리고 마침내 계약 1년 만에 도나 카란 핸드백 전체 물량의 60%를 맡게 됐다. 그야말로 사고를 제대로 친 것이다.

핸드백업계 소문은 빠르다. 도나 카란 뉴욕 컬렉션이 핸드백 제조업체를 유럽의 봉제 공방에서 대한민국 서울 영등포에 있는 시몬느라는 작은 핸드백 공장으로 바꾸었다는 것에 대해 명품 핸드백 브랜드들이 큰 관심을 기울였다. 물론 그 관심의 대부분은 우려였다. 그런데 이탈리아 장인이 만든 핸드백 못지않게 품질도 좋고 가격도 30% 정도 저렴할 뿐만 아니라 심지어 잘 팔리기까지 하는 이변을 낳으니 관심은 더더욱 커져갔다. 또한 그 소문은 미국 패션업계 전역에 순식간에 퍼져 나갔다.

소문의 속도 못지않게 후폭풍 또한 거셌다. 미국 브랜드들의 주문이 폭주하기 시작한 것이다. 제일 먼저 '폴로 랄프로렌 컬렉션'에서 연락이 왔고, 두 달 후에는 '오스카 드 라 렌타Oscar de la Renta'에서 연락이 왔으며, '캘빈 클라인 컬렉션'이 뒤를 이었다. 모두 꽤 좋은 조건으로 생산 계약을 맺자는 연락이었다. 처음부터 "TOP을 잡아야 한다"며 우두머리를 공략한 박은관 회장의 전략이 제대로 맞아떨어진 것이다.

첫 계약에서 기대 이상의 좋은 성과를 거두었지만 박은관 회장은 결코 자만하거나 안심할 수 없었다. 어렵게 잡은 손인 만큼 그 손을 오래도록 쥐고 가는 것은 오로지 노력과 실력의 몫이었다. 특히 원산지의 고정관념을 깨고 도나 카란 뉴욕과 계약에 성공했지만, 그게 모든 성공을 보장하는 것은 아니라는 것도 잘 알고 있었다. 무엇보다도 품질관리가 완벽하게 이루어져야 했다. 주문은 이미 받았으니 무슨 일이 있어도 품질을 맞춰주어야 했다. 남은 것은 시간과 인력의 싸움뿐이었다.

시몬느에도 기술자들이 있었지만 유럽의 장인들에 비하면 기술이 부족했다. 고객의 눈은 유럽 봉제 산업 숙련공의 수준에 맞추어져 있었다. 그렇다고 해서 유럽 공방의 장인을 모셔올 수도 없는 일이니 결국 박은관 회장은 현실에서 최선을 다하기로 했다. 그는 앞서 창업할 당시에 기술자들을 구했던 것처럼 당시 명동에서 가방을 잘 만들기로 소문난 기술자들을 직접 찾아다니며 진심으로 호소했다. 포장마차에서 소주도 사주고, 술에 취하면 등도 두드려주면서 함께 일하기를 부탁했다.

"언제까지 가내수공업으로 일할 겁니까? 우리도 미국이나 봉제 산업의 디자이너 컬렉션을 제조하면서 세계로 나가야 하지 않겠습니까?"

"돈은 달라는 대로 줄 테니 우리가 작품 한번 만들어봅시다. 수십 년 핸드백을 만든 자존심! 우리 같이 한번 세워 봅시다."

기술자를 구하러 다니던 박은관 회장의 입에는 늘 이와 같은 말들이 붙어 있었다. 이런 적극적인 구인 활동이 명동의 핸드백 장인들 사이에 소문나기 시작했고, 그들이 하나 둘 시몬느로 모여들었다.

진심을 다한 호소가 통했는지 다행히 좋은 기술자들을 모으는 데 성공했다. 하지만 도나 카란 뉴욕 컬렉션에서 원하는 품질을 완벽하게 맞춰줄 수 있었던 것은 아니다. 한국의 기술자들은 그때까지 단 한 번도 초고가 제품을 만들어본 적이 없었다. 경험이 밑천인 제조업에서 해당 경력이 전무하다는 말은 장님이 코끼리 다리를 만지는 식으로 작업하는 것이나 다름없었다.

이런 상황에서 박은관 회장이 선택한 해결 방법은 주문량보다 10~20% 정도 물건을 더 만든 후에 좋은 제품을 골라서 납품하는 것이었다. 일반적인 기업 경영은 생산비용을 최대한 줄이는 게 과제이다. 그런데 박은관 회장은 거꾸로 했다. 실제 주문량보다 더 많이 생산했으니 비용의 증가는 피할 수 없었다. 제작 기간이 길어지고 마진도 줄었지만, 시몬느가 처한 현실에서는 품질이 안정될 때까지 이 방법을 쓸 수밖에 없었다. 이런 이유로 도나 카란 뉴욕 컬렉션과 거래를 시작한 이후 처음 1년 동안은 실질적인 이익이 거의 없었다. 그럼에도 박은관 회장은 이 모든 것이 우리나라 핸드백 제조 기술이 세계의 명품시장을 향해 나아가는 과정이라 여기고 그 씨앗을 뿌리는 데 아낌이 없었다.

박은관 회장이 만약 생산비용의 절감만을 고려했다면 어땠을까? 당장의 비용은 아낄 수 있었을지 몰라도 품질과 관련한 클레임은 피할 수 없었을 것이다. 세계 명품 브랜드의 깐깐한 품질 기준을 충족시키지 못하고 어렵사리 맺었던 계약관계는 물거품이 됐을 가능성이 높다. 단기적인 이익보다 중장기적인 이익과 미래를 바라보는 그의 전략은 더할 나위 없이 적절했던 것이다.

● 과감한 결단과 실행으로 경험을 채우다

시몬느 창업 초기 시절 박은관 회장이 펼친 방법들은 엄밀히 말해 모두 모험이었다. 그리고 그 모험은 보기 좋게 성공했다. 단 한 번도 디자이너 컬렉션을 만들어보지 못한 나라에서 가내수공업을 해오던 기술자들을 모아 최고급 핸드백을 만드는 데 성공한 것은 아무리 생각해도 대단한 일이 아닐 수 없다. 세계 핸드백 시장 비즈니스 경험이 많았던 박은관 회장은 그 누구 앞에서도 당당했으며, 국내 기술자들의 솜씨를 믿었다. 사람을 믿었던 그의 판단이 시몬느의 초기 성공을 이끌었다고 해도 과언은 아니다.

"소재를 어디서 찾는지도 잘 모르고, 최고급 핸드백에 대한 디자인과 패턴의 개념이 부족해서 그렇지, 하나하나 봉제하고 마무리하는 기술은 이미 한국 기술자들이 충분히 가지고 있습니다. 부족한 것은 그저 경험뿐이에요."

이 말은 당시 박은관 회장이 한국 기술자들의 실력을 믿지 못하는 해외 바이어를 설득하기 위해 가장 많이 했던 말이다. 실제로 중저가 중심이긴 했지만 1980년대 우리나라 기술자들의 핸드백 제조 기술은 세계 어느 나라와 비교해도 뒤질 게 없었다. '업스트림Up-Stream'이 안 됐던 것이지, '다운스트림Down-Stream'은 충분한 상태였다. 사실 박은관 회장도 그것을 믿고 도전한 것이다.

업스트림은 원래 석유산업의 여러 사업 분야 중에서 원유의 생산부문을 가리키는 용어다. 그리고 원유를 생산한 뒤에는 수송, 정제, 판매 등의 분야가 있는데 이 분야를 통틀어 다운스트림이라고 한다. 석유산업의 수익은 업스트림에서 많이 발생한다. 따라서 산유국이 아닌 나라에서 하는 석유 관련 사업은 대부분 다운스트림이며, 수익은 상대적으로 낮다고 볼 수 있다. 업스트림을 차지하고 있는 메이저 오일회사와 우리나라의 석유 관련 기업을 비교하면 알 수 있다. 명품 브랜드 회사와 하청 기업의 관계도 이러한 업스트림과 다운스트림의 관계와 비슷하다. 하청 기업은 원자재를 가지고 제조하는 기술력은 뛰어나지만 실제 수익은 업스트림을 담당하는 명품 브랜드가 대부분 가져간다.

시몬느는 전 세계에서 가장 뛰어난 다운스트림의 역량을 갖춘 국내 제조기술을 경쟁력으로 삼았다. 그러나 언제까지 단순 하청 기업으로 다운스트림의 영역에 머물 수는 없다. 물론 단순히 꿈만 가지고는 원하는 대로 될 수 없다. 시몬느는 업스트림이 가지고 있던 노하우나 경험은 없었다. 아무리 다운스트림의 역량이 뛰어나더라도 당장 업스트림으로 도약할 수 없는 것이다. 야구에서 정식 선수는 아니지만 투수의 투구 훈련을 도와주는 불펜 포수는 공을 받아주는 능력이 뛰어나더라도 당장 정식 선수가 될 수 없다. 실제 시합의 경험이 없어서 함부로 경기에 나설 수 없는 것이다.

시간의 부족함은 시간으로만 채울 수 있다. 부족한 경험을 채우는 깃 역시 지속직인 경험뿐이다. 유럽의 봉제 산업 장인들이 수십 년 동안 쌓아온 소재 개발 노하우나 디자인 감각까지 한꺼번에 가질 수는 없다. 그렇다고 못 한다고 생각하면 계속 뒤처질 수밖에 없다. 한 발 한 발 쫓아가는 게 중요하다. 랠프 월도 에머슨^{Ralph Waldo Emerson}은 "우리가 어떤 일을 지속적으로 할 때 그것은 쉬워지기 마련이다. 그 사물의 본질이 변하는 것이 아니라, 그것을 할 수 있는 우리의 능력이 향상하는 것이다"라고 했다. 처음에는 어려워 보이는 일도 계속해서 반복하다 보면 익숙해지고 마침내 쉬워지는 단계가 오기 마련이다. 말콤 글래드웰^{Malcolm Gladwel}은 그의 저서 『아웃라이어』에서 어떤 일이든 '일만 시간'을 투자하면 그 분야에서 전문가가 될 수 있다고 했다. 기본적인 실력이 갖춰졌다면 반복된 경험으로 부족한 부분을 채우면 된다.

처음부터 숙련된 기술이나 역량을 갖춘 기업과 개인은 없다. 그렇다 보니 현실과는 동떨어진 허황된 꿈만 꾸고 있거나, 혹은 처음부터 "나는 할 수 없다", "우리는 할 수 없다"고 한계를 명확히 하는 우를 범한다. 부족한 부분을 인정하되 그 때문에 포기하기보다는, 한 발 한 발 묵묵히 부족한 부분을 채워나가려고 노력하면 된다. 그래야지만 발전하고 도약할 수 있다. 무리수를 둔 것이긴 했지만, 일단 주문을 받아놓고 품질을 점차 높여가는 방법은 우리나라 핸드백 제조 기술을 적어도 십 년 이상 앞당긴 결정이었다. 그리고 이 결정은 신생업체 시몬느가 단시간에 자리를 잡는 계기를 마련해주었다.

한 기업이 창업을 거쳐 해당 분야의 봉우리로 우뚝 서려면 '과감한 결단'이 필요하다. 그런데 늘 이런 순간에 주위의 반응은 "무모하다", "무리수를 굳이 두는 이유가 뭐냐?"는 식의 부정적인 반응이 대부분이다. 전 세계에 커피 테이크아웃의 열풍을 불러일으킨 스타벅스의 창업자 하워드 슐츠Howard Schultz도 이런 고비를 겪어야만 했다. 가정용품 회사의 부사장으로 남부러울 게 없었던 그가 소규모의 체인점을 몇 개 가진 게 전부였던 스타벅스로 간다고 했을 때 당연히 주변에서는 의아해했다. 그때 그는 '자신을 위한 기회'이자 '편안한 위치에서 안주하지 않고 모험하는 삶'이야말로 기회를 놓치지 않는 것이라며 과감한 결단을 내렸다. 그리고 커피 사업의 새로운 패러다임을 창출하는 또 한 번의 과감한 결단을 시도했다.

스타벅스는 테이크아웃과 에스프레소 바의 트렌드를 창출했다. 커피 사업은 스타벅스 이전과 이후로 구분된다는 평가를 들을 만큼 하워드 슐츠는 해당 산업의 지형을 확 바꾸어버렸다. 그가 스타벅스를 맡기 전만 해도 스타벅스뿐만 아니라 모든 커피 전문점은 그저 커피의 원두를 판매하는 소매점의 성격에서 크게 벗어나지 못했다. 스타벅스의 창업자들도 하워드 슐츠가 커피와 음료를 판매해야 한다는 주장을 하자, "커피는 집에서는 만들어 마시는 것"이라며 반대한 것이다. 그러나 하워드 슐츠는 스타벅스를 인수하고 난 뒤에 자신의 생각을 실현했고, 마시는 커피를 판매하는 것을 넘어 "스타벅스는 커피가 아니라 문화를 파는 비즈니스"라며 패러다임의 전환을 이뤄낸 것이다.

"위대한 기업을 세우려 한다면, 위대한 꿈을 가질 용기가 있어야 한다. 작은 꿈을 꾸면 작은 것을 이루는 데는 성공할 것이다. 실제로 많은 사람이 그것에 만족한다. 그러나 광범위한 영향력과 영구적인 가치를 읽고자 한다면, 담대해져라"는 하워드 슐츠의 말은 경험의 부족과 환경의 제약 때문에 주저하는 기업과 기업가들에게 많은 시사점을 던져준다.

시몬느에 부족한 것은 그저 경험뿐이었다. 부족한 경험은 경험으로 채우는 것도 나쁘지 않다. 경험과 성과가 부족하고 미흡하다는 이유로 주저하거나 조급해하기보다 차근차근 부족한 것을 채워나가면 된다. 하지만 경험의 부족이 자신감의 결여로 이어져서는 안 된다. 부족하다는 이유를 대며 모든 것이 완벽하게 갖춰질 때까지 기다리다 보면 이미 기회는 저만치 달아나버리고 만다. 이는 심사숙고의 미덕이 아니라 우유부단의 리스크로 작용할 수 있다.

산업이나 기업은 모두 역사가 있기 마련이다. 시작부터 좋은 결과물을 얻어내야 하는 상황에서는 일하는 과정까지 최선으로 챙길 수는 없다. 누군가 영업에서 물꼬를 터주고, 그다음 제품개발에 들어가는 방법을 밟아야 할 때도 있다. 시몬느는 영업에서 박은관 회장이 먼저 기회를 만들었고, 생산이 그 뒤를 따라왔다. 유럽과 비교하면 순서는 바뀌었지만, 최선의 선택을 한 것이다. 그 최선의 선택은 기존의 비즈니스 관행에서 벗어나 과감한 결단과 실행을 했다는 의미로 볼 수 있다. 덕분에 시몬느는 도약의 발판을 마련할 수 있었다.

SIMONE | 04 | STORY

핸드백을 가장 잘 만드는 회사

1987년 6월 창립한 시몬느는 창립 첫해에 도나 카란과의 거래를 시작으로 400만 달러의 매출을 기록했다. 이후 점차 거래처가 늘어나 2년 뒤인 1989년에는 첫해 매출의 네 배를 훌쩍 넘긴 1800만 달러의 매출을 기록하며 안정적인 출발을 알렸다. 3년이 지난 1992년에는 매출 3000만 달러를 넘김으로써 안정적인 궤도에 접어들게 되었다.

사실 시몬느는 도나 카란 뉴욕 이후 특별히 영업을 진행한 브랜드가 없었다. 모두 먼저 시몬느를 찾아왔다. 랄프로렌, 오스카 드 라렌타, 캘빈 클라인 컬렉션 등 미국의 유명 브랜드 담당자들이 하루가 멀다고 시몬느를 찾아왔다. 한국에 대해 거의 아는 게 없었던 그들이 어떻게 알고 영등포 구석까지 찾아왔는지 생각해보면 꽤 감동적이고 흥미로운 부분이다.

도나 카란 측에서 자기 제품을 생산하는 업체를 소문내고 다닐 이유는 전혀 없었다. 시몬느의 실력과 열정을 인정하는 만큼 혼자 독점하고 싶은 마음이 생기는 것은 당연하다. 하지만 빛은 제아무리 틀어막아도 새어나가기 마련이다. 더군다나 핸드백 시장은 넓지 않은 탓에 실력 좋은 보석을 아무리 숨기려고 해도 스멀스멀 소문이 새어 나갈 수밖에 없다.

모든 기업은 자사의 장점을 홍보하려고 노력한다. 초 단위로 세상에 쏟아지는 광고와 홍보의 양은 이때껏 인류가 기록한 문자와 이미지의 양을 가뿐히 넘어설 정도로 무수히 많다. 그러나 저마다 소비자들의 뇌리에 강한 인식을 심어주지 못해 고심하고 있다. 사실 기업의 입장에서는 굳이 광고나 홍보를 하지 않더라도 소비자들이 알아서 고객으로 찾아오거나 바이어들이 제품 구매를 의뢰하기를 원한다. 기업의 마케터들은 모두가 이런 상상이 실현되기만을 바란다. 그러나 정작 자사의 제품이나 서비스에 하자가 있음에도 막대한 광고물량을 쏟아낸다면 어떻게 될까? 소비자들이 광고에 혹해 구매하더라도 이내 실망하고 적극적인 안티로 돌아설 것이다. 구매하기 전까지는 아예 관심이 없었던 고객들은 오히려 '과장광고', '허위광고'에 속았다는 이유로 거센 반발세력이 되는 것이다. 해당 기업으로서는 차라리 무관심한 소비자들로 남아 있었던 게 나을 수도 있다는 후회가 들 것이다.

광고나 홍보의 효과를 노리기 이전에 기업은 '기본'에 충실해야 한다. 기업의 기본은 소비자들이 믿을 만한 제품과 서비스를 만드는 것이다. 이 기본이 충족되지 않으면 아무리 막강한 자본력을 동원하여 현란한 광고와 홍보를 해도 별 소용이 없다. 제너럴일렉트릭^{GE, General Electric Company}은 잭 웰치^{Jack Welch}가 재임하는 동안 사업을 확장하여 기존의 제조업에서 금융업을 비롯한 서비스 산업에 진출했다. 막강한 자본력과 기업 규모를 갖췄던 터라 초기에는 기업 순이익의 80%를 서비스 분야에서 거둘 정도로 승승장구했다. 그러나 글로벌 금융위기를 겪고 난 뒤에는 오히려 서비스 분야가 독이 됐다. 그러자 잭 웰치의 후임인 제프리 이멜트^{Jeffrey Immelt}는 "기본으로 돌아가자"고 선언했다. 다시 '세계 최고의 제조 기업'이라는 GE의 기본에 충실하겠다는 것이다. 그리고 금융 서비스 분야를 축소하겠다고 했다.

시몬느의 인기 비결은 특별하지 않다. 그저 제조업체로서의 기본에 충실했을 뿐이다. 즉, 품질관리를 철저히 했고 납품 기일도 완벽하게 지키면서 고객 만족도를 높인 결과였다. 첫 단추를 잘 끼운 덕분에 그다음부터는 모든 일이 단시간에 순조롭게 이루어졌다. 시장의 평가가 좋게 난 이후부터 주문이 늘었고, 고객관리를 철저히 하면서 인연을 맺게 된 브랜드도 늘어났다. 그리고 그 경험이 하나 둘 쌓이면서 어느 순간부터 '핸드백을 가장 잘 만드는 회사'로 인정받게 되었다.

● 'Made in Italy' 신화를 깨다

시몬느에 관한 소문은 미국 안에서만 그치지 않았다. 미국 브랜드들과 줄줄이 계약을 체결한 이후 2000년대부터는 루이뷔통, 셀린느, 로에베, 지방시, 크리스찬 라끄르와, 버버리 같은 유럽 브랜드들이 시몬느를 찾아왔다. 그래서 지금은 미국 브랜드뿐만 아니라, 유럽 브랜드도 꽤 많이 생산하고 있다.

유럽 브랜드들과 거래를 시작한 데에는 계기가 된 사건이 있었다. 1999년 루이뷔통 브랜드 열아홉 개를 가지고 있는 세계 최고의 명품 기업 LVMH의 장 폴 비비어^{Jean-Paul Vivier} 사장이 지방시, 루이뷔통, 크리스챤 디올, 펜디 등 LVMH 계열의 회사 대표 10여 명을 다 불러 모았다. 그리고 시몬느에서 만든 도나 카란 뉴욕과 코치 핸드백, 그리고 이탈리아 공방에서 만든 같은 브랜드 가방을 라벨을 떼어놓고 블라인드 테스트를 시행했다. 결과는 '50대 50'이었다. 이탈리아에서 만든 것과 시몬느에서 만든 것을 구분하지 못한 것이다. 이는 당시 유럽 핸드백 브랜드 사장들에게는 꽤 충격이었다. 이탈리아가 최고가 아니라는 사실을 인정할 수밖에 없는 결과였다. 이 테스트 이후 유럽 브랜드들이 시몬느와 거래를 시작했고, 시몬느는 한 단계 더 성장하는 계기가 되었다.

미국 브랜드에 이어 유럽 브랜드와 계약을 맺으면서 시몬느는 전 세계를 통틀어 가장 유명한 핸드백 제조회사가 되었다. 그리고 유럽 업체보다 가방을 더 잘 만든다는 이야기도 공공연한 사실이 되었다.

시간이 갈수록 'Made by Italian' 제품에 대한 인식이 약해졌고, 시몬느의 영역이 날로 커져갔다. 시몬느가 그들의 자리를 빼앗았다는 표현보다는 이탈리아 스스로 후진 양성에 실패한 원인이 크다. 또 이탈리아는 사회적인 특성상 산업을 시스템화하지 않아 늘어나는 주문을 소화하지 못한 이유도 크다. 실제로 'Made in Italy' 제품

개수도 줄어들었고, 예전의 그 품질을 기대하기도 어렵다.

과거에는 'Italy' 글자만 들어가도 명품 소리를 들었지만, 지금은 세 가지 층이 생겼다. 'Made in Italy', 'Made by Italian', 'Made in other Country'이다. 이탈리아에서 이탈리아 사람이 만든 제품, 이탈리아에서 만들지만 다른 국적을 가진 장인이 만든 제품(프라토^Proto 라는 지방에는 중국인 장인만 4만 명이 있다), 그리고 터키나 베트남 등 다른 나라에서 만든 제품이 그것이다. 말하자면, 브랜드 이름은 샤넬과 구찌라고 해도 과거처럼 'Made by Italian'만 있는 게 아니다. 그래서 동일 브랜드라고 해도 생산 소스가 다르니 그 안에서 골라야 하는 상황이 벌어졌다. 몰려오는 물량을 이탈리아에서 감당하지 못해 일어난 결과이다.

반면 시몬느는 원산지와 상관없이 똑같은 품질 관리를 해내고 있다. 중국, 인도네시아, 베트남에 있는 아시아 다섯 개 공장에서 똑같은 품질의 제품을 대량으로 생산할 수 있는 시스템을 만들어놓아서 아무리 많은 주문이 들어와도 품질관리를 똑같은 수준에서 해낼 수 있다. 이탈리아 제조업체들과의 경쟁에서 시몬느가 승리를 거두고 있는 것은 이와 같은 대단위 시스템을 통한 품질관리를 이루어냈기 때문이다.

패션 산업처럼 전통과 가내수공업 방식에 대한 동경이 남아 있는 분야는 시스템의 구축에 대해 그다지 곱지 않은 시선을 보내기도 한다. 공방의 전통은 현대 사회의 고객들에게 향수와 감성적인 스토리를 연상시키는 효과는 분명 있다. 그러나 앞서 언급한 유럽 봉제 산업의 위기는 전통에의 지나친 집착 때문에 일어난 결과라고도 할 수 있다. 로마가 지중해의 강자로 떠오르며 '팍스 로마나$^{Pax\ Romana}$'의 영광을 누릴 수 있었던 것은 시스템의 제국을 만들었기 때문이다. 『로마인 이야기』의 저자 시오노 나나미는 "지성에서는 그리스인보다 못하고, 체력에서는 켈트인이나 게르만인보다도 못하고, 기술력에서는 에르투리아인보다 못하고, 경제 감각은 카르타고인보다 뒤떨어지는 것이 로마인이라고 로마인들 스스로도 인정하고 있었나. 그런데 왜 그들만이 마지막 승자로 남아 번영할 수 있었을까?"라는 질문을 던지면서 그 해답을 '시스템'과 '인재'에서 찾았다.

로마는 고대 그리스 이후에 등장한 소국 중의 한 곳에 불과했다. 그러나 뛰어난 인재의 활약과 더불어 통치 시스템과 법률과 건축, 토목 등 국가의 시스템을 효율적으로 갖춘 덕분에 지중해의 강자가 될 수 있었다. 지중해의 여러 강자를 차례대로 제압하면서 로마는 그리스의 신화를 대신하는 새로운 신화를 만들어낸 것이다.

미국의 비즈니스 컨설턴트인 마이클 E. 거버$^{Michael\ E.\ Gerber}$는 모든 유형의 기업가들을 조사한 뒤에 이러한 결론을 내렸다. "훌륭한 기업가들은 모두 시스템적인 사고를 한다. 기업가로 성공하고 싶다면, 큰 그림을 보려는 능력을 갖추고 싶다면 시스템적인 사고 방법을 훈련해야 한다." 이러한 그의 결론은 기업가정신과 크게 다를 바가 없다. 시몬느의 박은관 회장은 두터운 철옹성처럼 보이던 이탈리아 공방과 유럽의 봉제 산업을 보고 지레 겁먹고 굴복하지 않았다. 그는 전체를 바라보는 안목과 시스템의 구축으로 기회를 창출해냈다.

● 탄탄한 기본 위에서 탁월한 전략을 발휘하라 ──────

벤 프랭클린은 "그냥 보기^{See}는 쉬워도 앞을 내다보기^{Foresee}는 어렵다"고 했다. 시몬느 창업기의 성공이 품질관리, 납품기일 엄수 등 제조업의 기본을 잘 지킨 땀의 결과라면, 이후 27년 동안 단 한 번도 성공의 궤도에서 벗어나지 않은 비결은 미래를 내다본 리더의 탁월한 전략에 있다고 해도 과언이 아니다. 시몬느 창업 초창기에 해마다 매출액이 파격적으로 늘어나는 비결 중 하나로 브랜드 라인업이 좋았던 것을 들 수 있다. 고급 브랜드 대여섯 개가 매출의 40% 정도를 차지했고, 에스프리 같은 중저가 브랜드가 매출의 60%를 유지하면서 고객 프로파일이 중저가에서 초고가 브랜드까지 안정적으로 채워졌던 것이다.

고급과 중저가 라인을 동시에 갖춘 것은 박은관 회장의 전략이었다. 경기가 좋을 때와 나쁠 때, 소비 세대의 이동 등 예측하기 어려운 트렌드 변화 속에서 리스크를 최소화하려는 조치였다. 경기가 좋을 때는 고가 라인의 주문이 늘었고, 반대 경우에는 중저가 라인에 주문이 몰렸다.

고객 프로파일을 다양화한 데에는 현실적인 이유도 있었다. 부가가치만 생각하면 고급 브랜드만 고집하는 게 맞지만, 초창기 시몬느는 고객의 요구를 완벽하게 소화할 생산능력이 부족했으므로 일을 가릴 여건이 아니었다. 명목수익률을 보면 고급 브랜드가 나았고, 개발과 생산이 다 끝난 후 실제로 손에 쥐는 순수익은 중저가 브랜드가 나았다. 시몬느가 처한 상황에서 브랜드의 다양화 전략은 불가피했지만, 이는 변화가 심한 시장 상황에 대응하는 데 더할 나위 없는 탁월한 전략이었다.

요즘 기업들은 예측이 어려운 급격한 시장의 변화로 골머리를 앓고 있다. 글로벌 1위의 기업이라 해도 시장의 변화에 잠시라도 방심했다가는 이내 후발주자에 따라잡히고 만다. 이와 관련한 사례가 자동차 시장의 포드이다. 포드는 내량생산체제를 구축하여 시상을 장악했다. 그때 나온 자동차 모델이 T카였다. 자동차의 대중화를 이끈 T카는 금세 자동차 시장을 휩쓸었지만, 점차 소비자들은 식상함을 느꼈다. 그때, GM은 포드와 정반대로 자동차 생산 라인업을 다양화했다. 다양한 디자인과 색상, 가격대를 내세우며 고객들에게 선택의 기회를 줬던 것이다. 그러자 시장은 요동치기 시작했고, GM은 포드와의 경쟁에서 이길 수 있었다. 반면에 포드로서는 이미 T카만을 대량생산하는 시스템이었기 때문에 GM의 공세에 제대로 대응할 수 없었다. 도요타를 추월한 폴크스바겐도 생산 플랫폼을 다양화하는 전략으로 성공할 수 있었다.

시몬느의 초기 다양화 전략은 후발주자로서 적절했다. 그리고 지금도 다양한 브랜드 전략을 구사하고 있지만, 더 이상 중저가 브랜드는 만들지 않는다. 현재 시몬느에서 만들고 있는 브랜드 중에 인지도가 낮은 것도 미국의 최고급 백화점에서나 볼 수 있다. 이 또한 시장 진입 단계와 성숙 단계에 따른 전략의 변화라고 해석해야 할 것이다.

박은관 회장의 탁월한 전략은 이후로도 계속 이어졌고, 그때마다 시몬느의 파격적인 성장을 이끌어냈다. 1991년 박은관 회장은 공장을 중국으로 이전하기로 했다. 한국과 중국이 수교한 것이 1992년 일이니 수교 1년 전에 내린 결정이었다. 1990년대 초반부터 주문이 급증해 매출이 매년 세 배 이상 증가하고 있던 터라 국내 공장으로는 도무지 물량을 감당할 수 없었기 때문이다.

일반적으로 국내 공장을 중국으로 이전하는 이유는 대체로 급격하게 증가하는 국내 인건비 때문이다. 1990년대 이후 국내 대체 시장으로 가장 먼저 등장한 곳이 거리가 제일 가까운 중국이었다. 그러나 시몬느가 중국에 공장을 지은 이유는 인건비 때문이 아니었다. 그보다는 주문 물량을 소화하기 위해 내린 결정이었다. 주문량이 1000개가 만 개가 되고, 만 개가 10만 개가 되니 한국에서는 더이상 이를 소화할 수가 없었다. 외주공장과 품질관리에서 한계에 이른 것이다.

규모 있는 생산 베이스가 절박하게 필요했다. 1991년 당시에 주문 물량을 소화하기 위해서는 공장 인원 5000명과 공장 부지 3만 평이 필요했다. 하지만 봉제 업종에 5000명이라는 많은 인력을 구할 수도 없었고, 서울 근교에 그 정도 규모의 공장 부지를 얻을 수도 없었다.

박은관 회장은 넓은 부지와 많은 인력을 동시에 얻을 수 있는 곳으로 중국이 적지라고 판단했다. 현실적인 문제 때문에 내린 결정이었지만, 여기에는 아주 예민한 문제가 도사리고 있었다. 시몬느의 고객은 모두 명품 브랜드 기업들이다. 'Made in Korea'가 이제 겨우 거부감 없이 받아들여지는 시기에 'Made in China'는 쉽게 수긍할 수 없는 부분이었다. 명품이 늘 가지고 있는 원산지 문제 때문이다.

시몬느의 공장 이전에 결사적으로 반대하는 브랜드가 많았다. 당시 중국의 패션 제조 수준은 많이 낙후돼 있었다. 그러나 시몬느 입장에서도 선택의 여지가 없었다. 결국 브랜드사를 설득하는 방법밖에 없었다. 해외 바이어 설득은 박은관 회장이 직접 담당했다.

"공장을 옮기지 않고서는 추가물량 공급 계약을 맺는 게 불가능합니다. 더 이상 주문을 하지 않아도 좋아요. 그래도 우리는 중국으로 생산라인을 옮길 수밖에 없습니다."

박은관 회장의 의지는 강력했다. 국내는 이미 포화상태에 이르렀으니 그로서도 어쩔 수 없는 선택이었다. 이처럼 정작 물건을 만들어야 하는 제조사 대표가 작정하고 나오니 해외 바이어들도 참 난감한 노릇이었다. 결국 시몬느 공장의 중국 이전을 인정하고 "제품이나 제대로 만들어 달라"고 부탁하는 바이어들이 하나둘 늘어갔다. 그렇게 거래하는 브랜드 바이어의 70% 정도가 중국 이전을 찬성하는 시점에 이르렀을 때, 박은관 회장은 과감하게 중국 광저우에 공장을 설립하기 시작했다. 시몬느는 광저우에 들어간 한국 최초 기업이 되었다.

당시 박은관 회장의 이러한 결단에 탄탄한 기본이 없었다면 원했던 결과를 얻지 못했을 것이다. 'Made in Italy'의 선입견에 맞서 'Made in Korea'를 관철했을 때부터 시몬느의 우수한 품질과 생산 시스템이라는 '기본'에 바이어들은 이미 설득당했다. 공장을 중국으로 이전하는 과정에서도 여전히 원산지의 문제가 제기됐지만, 박은관 회장은 시몬느의 탄탄한 기본을 내세웠다. 그리고 바이어들도 시몬느의 기본에 대한 신뢰가 있었으므로 주문을 계속할 수밖에 없었던 것이다.

시몬느는 1992년 100% 단독 투자로 중국 광저우에 생산기지를 설립했다. 인건비가 싼 청두나 웨이하이 같은 북쪽이 아닌 남쪽의 광저우에 생산기지를 건립한 것은 박은관 회장이 직접 중국을 위아래로 몇 달이나 훑은 끝에 내린 결정이었다. 광저우는 홍콩과 가까워 인건비가 중국에서도 높은 수준이었다. 그러나 돈은 문제가 아니었다. 당시 시몬느는 디자이너 라인 주문이 몰려와서 한국인 인건비를 기준으로 해도 얼마든지 회사를 운영할 수 있었다. 그러니 임금을 좀 더 주더라도 품질이 더 우수하게 나올 곳을 선택한 것이다. 시몬느가 광저우를 선택한 것은 그곳이 오래전부터 세계와 교역하던 무역의 중심지라는 사실에 주목했기 때문이다. 그나마 중국에서 패션 감각이 있는 지역이라는 판단을 한 것이다.

당시 시몬느에 가장 큰 걸림돌은 인건비가 아니었다. 애초부터 중국으로의 이전이 인건비 절감의 이유가 아니었고, 더욱 나은 생산 시스템을 구축하기 위함이었다. 시몬느는 지금까지 쌓아온 신뢰를 바탕으로 믿고 맡겨준 바이어들과의 약속을 지키기 위해 품질 관리에 더 많이 신경을 써야 했다. 그 때문에 중국 공장을 제대로 운영하기 위해서는 핸드백 제작에 필요한 정확한 공정을 중국 기술자들에게 인계해주어야 했다. 하지만 인구가 많은 중국이라도 핸드백 만드는 일이 손에 익은 사람은 얼마 되지 않았다. 수십 명의 국내 핸드백 장인들이 중국으로 넘어가 현지 인력에 가방 제작 공정 하나하나를 설명해주는 수밖에 없었다. 그야말로 무無에서 유有를 만들어야 했다.

"10㎝만 박음질하라.

연결 장치는 다섯 번 망치질하라.

약칠을 세 번 하라."

공정마다 세밀한 기술 이전이 이루어졌다. 그렇게 6개월이 지나자 일단 매뉴얼이 만들어졌고 간단한 공정은 돌아가는 수준이 되었다. 중국에서 공정분석을 마친 이후에도 수십 명의 장인이 한동안 현지에 머물면서 공정에 맞춰 제작이 정확하게 진행되도록 관리감독을 진행했다. 중국에서 만든다고 품질이 떨어지기 시작하면 시몬느의 운명도 풍전등화가 되기 때문이다.

"한국에 일할 때보다 더 열심히 했습니다."

당시 현장에 있었던 국내 기술자들의 목소리다. 이런 노력 끝에 탄생한 'Made in China' 라벨이 붙은 제품이 마침내 각국으로 수출되어 모든 바이어들 손에 배달되었을 때 이구동성으로 돌아온 답변은 "역시 시몬느!" 이 한마디였다.

광저우 공장의 성공적인 안착이 모두 시몬느의 노력으로만 이루어진 것은 아니다. 시몬느에 물량을 주문하는 브랜드 바이어들도 중국 공장 안착에 많은 도움을 주었다. 보통 납품 기일이 80일, 90일 정도였던 것을 중국 공장에는 120일 이상 길게 해주었고, 쉬운 소재부터 주문하는 배려도 해주었다. 어려운 것은 손이 익은 다음에 주문하겠다는 의미였다. 이는 진정으로 파트너를 아끼는 마음이 아니고서는 하기 어려운 배려이다.

특히 도나 카란 뉴욕 컬렉션은 시몬느 초창기부터 이어진 인연답게 시몬느에 대한 애정을 계속 드러냈다. 도나 카란 뉴욕 컬렉션은 1990년대 당시 전 세계에서 가장 잘 나가고 비싼 브랜드였고, 가장 먼저 'Made in Korea'를 실현한 장본인들이기도 하다. 게다가

'Made in China' 제작에 가장 먼저 합류해 시몬느의 중국 공장 이전에 힘을 실어주었다. 그들이 들어가자 뒤를 이어서 버버리, 셀린느, 로이베, 지방시 등 유럽 브랜드들도 거부감 없이 'Made in China' 제품 제작에 합류했다. 이 브랜드들이 중국에서 성공적으로 만들어졌다면, 그 하위 브랜드들은 아무 문제 없이 제작에 들어갈 수 있다.

3만 평 대지에 설립비용만 1200만 달러가 들어간 중국 광저우 공장은 현재 5000여 명(한국 파견 직원 20명, 평균인원 4600여 명)의 직원이 일하고 있다. 인원이 엄청나게 많은 것 같지만, 생산해내는 제품의 양에 비교하면 그렇지도 않다. 생산 공정을 합리화해서 꼭 필요한 인원만 배치된 게 5000명이다. 타 경쟁사에서 품질을 담당하는 생산 팀에 50명이 필요하다면 시몬느는 열 명이면 충분하다. 세계에서 핸드백을 가장 잘 만드는 회사답게 모두가 숙련된 장인의 경지에 오른 것이다.

루이뷔통 모엣 헤네시도 왔다

비즈니스에서 이미 성숙할 대로 성숙해서 피 흘리는 치열한 경쟁을 피할 수 없는 시장을 레드오션이라 한다. 그런 의미에서 본다면 비즈니스는 기업의 생존을 건 전쟁이라 할 수 있다. 전쟁에서는 뛰어난 전략과 실력 못지않게 좋은 무기도 필요하다. 남들이 모두 칼을 들고 싸울 때 홀로 총을 들고 있다면 성패는 이미 판가름난 것이나 다름없다. 경쟁자들이 가지지 않은 강력한 무기를 미리 준비한다면 큰 힘을 들이지 않고서도 비즈니스라는 전쟁에서 승리를 거둘 수 있다.

시몬느는 미국 명품 브랜드를 차례로 섭렵하며 탄탄대로를 걸어가던 1990년대 초에 시장의 흐름을 미리 파악하고 강력한 무기를 준비했다. 그중 하나가 중국 공장 설립이다. 세계적으로 명품의 수요는 늘고, 이에 반해 유럽 봉제 산업 공방의 장인들은 갈수록 줄어드는 추세이니 결국엔 대안을 찾을 수밖에 없다.

흐름이 시장에 나타났을 즈음에 이를 파악하는 것은 이미 한 발짝 늦은 출발이다. 그 어떤 흐름이 나타나기 전에 미리 준비해야 경쟁업체보다 한 발짝 앞설 수 있다. 모두가 뒤늦은 준비에 급급해할 때 이미 모든 것을 완벽히 준비하고 있는 기업이 있다면 결국엔 기회를 잡게 된다.

2000년 어느 날, 명품 핸드백 시장에서 가장 까다롭기로 소문난 루이뷔통 모엣 헤네시^{LVMH}가 시몬느에 직접 연락을 해왔다. 자신들의 제품을 만들어 달라는 것이었다. 시몬느는 생산기지를 잃은 유럽의 명품 브랜드들이 길을 찾지 못해 우왕좌왕할 것을 예측하고 이를 오래전부터 준비해왔다. 시몬느는 1990년대 초 중국으로 생산기지를 옮기고 끊임없는 노력으로 이미 그곳의 품질을 세계 수준으로 끌어올려 모든 준비를 마친 상태였다.

세계 명품 핸드백 시장의 가장 큰 손은 단연 LVMH이다. LVMH는 얼굴마담인 루이뷔통을 비롯해 셀린느, 지방시, 겐조, 마크 제이콥스 등 명품 패션 브랜드만 열세 개나 보유하고 있다. 기업의 1년 매출이 30조 원이 넘는다. 이 콧대 높은 기업이 핸드백을 만들어달라며 시몬느를 찾아온 것이다.

● 철저히 준비하고 느긋하게 기다려라

1930년대부터 1940년대까지만 해도 영국과 프랑스의 명품 핸드백 생산은 자국에서 이루어졌다. 하지만 제조원가가 높아지면서 1940년대부터 1960년대 사이에 대부분의 명품 핸드백 생산기지가 이탈리아로 옮겨졌다.

이탈리아는 영국과 프랑스의 봉제공장, 하청기지 역할을 하면서 이를 기반으로 패션 트렌드와 전문성을 결합해 1970년대에는 세계 패션시장을 리드하는 명품 브랜드를 다수 내놓았다. 소르지오 아르마니, 프라다, 페라가모, 펜디 등이 그 대표작들이다. 그러나 이탈리아도 1980년대 이후부터는 공방의 상황이 미래를 기약할 수 없을 정도로 약화했다. 봉제 산업 공방 장인들의 평균 연령이 45세를 넘어가는데 젊은이들은 제조업을 기피하는 현상이 일어난 것이다.

생산단가가 높아지면 이탈리아는 생산기지로서의 입지가 약해질 수밖에 없다. 그렇게 된다면 대부분의 유럽 명품 브랜드들의 생산기지는 중국을 포함한 아시아로 옮겨질 가능성이 높았다. 유럽과 미국의 많은 명품 핸드백 브랜드들은 계속해서 폭발적으로 늘어났다. 명품 수요에 맞는 원활한 공급이 이루어지려면 아시아 생산 루트 설립은 불가피했다. 실제로 이탈리아와 프랑스의 핸드백 생산기지는 1990년대를 넘어서며 숙련공 부족과 가격 경쟁력의 약화로 빠르게 사라져가기 시작했다. 불과 몇 년 사이에 유럽의 명품업체 50곳 가운데 열 곳 정도만 안정적인 물량을 확보할 수 있을 정도로 규모가 축소되었다. 그때 '차이나 러시China Rush'가 시작되었다.

1990년대 중반, 미국 명품 기업과 달리 아시아 제조사의 기술력에 의심을 버리지 못하던 유럽 명품 브랜드들도 하루빨리 대책을 마련해야만 했다. 그때 이미 중국에 탄탄한 제조공장을 만들어놓은 시몬느가 그들 눈에 들어왔다. 이때부터 유럽 명품 브랜드들이 시몬느로 넘어오기 시작했다.

그리고 마침내 2000년, 명품 핸드백 시장의 도도한 수장 LVMH가 시몬느를 찾아온 것이다. 당시 LVMH의 장 폴 비비어 대표는 중국 제조 제품의 품질에 만족을 표현했고 시몬느에 자사의 여섯 개 브랜드, 즉 셀린느, 로에베, 겐조, 크리스챤 라크로와^{Christian Lacroix}, 마크 제이콥스, 지방시의 핸드백 제조를 맡겼다. 사실 시몬느가 명품 시장의 큰손과 거래를 틀 수 있었던 것은 단순히 차이나 러시 덕분만은 아니었다. 때론 행운으로 보이는 사업의 성공도 알고 보면 준비를 철저히 했기 때문에 부여잡을 수 있었던 것이다.

제2차 세계대전 초기에 영국은 북부 아프리카에서 독일군에 밀리며 고전을 면치 못하고 있었다. 독일의 롬멜 장군은 전력의 열세에도 불구하고 갈수록 영국군을 궁지로 몰아넣었다. 영국군은 연일 패배를 겪으며 지휘관의 교체가 이뤄졌는데, 이때 부임한 지휘관이 몽고메리였다. 몽고메리가 부임한 이후 참모들과 본토의 정치인들은 독일군에 대대적인 반격을 가하라고 압력을 넣었다고 한다. 더 이상의 수모는 겪을 수 없다면서 그에게 연일 닦달을 했던 것이다. 그러나 몽고메리는 신중했다. 무엇보다 연이은 패배로 사기가 꺾인 장병들의 자신감을 키우기 위해 노력했다. 그리고 탱크와 대포 등 무기가 제대로 갖춰질 때까지 무모한 공격을 하지 않았다. 이윽고 병력의 사기가 오르고 무기가 갖춰졌지만, 몽고메리는 또 한 번 '준비'에 만전을 기했다. 독일군에 대한 철저한 분석으로 약점을 찾아낸 뒤에야 대대적인 공세를 펼쳐 반전의 계기를 잡았다. 만약 그가 준비를 제대로 하지 않고 정치권의 압력에 굴복하여 "돌격 앞으로!"를 외쳤더라면 수많은 병사를 잃었을 것이다.

준비된 자가 기회를 잡을 수 있는 것처럼 당시 중국에 대량생산 기지를 마련하고 고품질 핸드백을 생산할 수 있는 회사는 시몬느 뿐이었다. 시몬느는 다른 경쟁업체에 비해 가격이 10~15% 더 비쌈에도 불구하고 많은 명품 브랜드들이 몰려든 것도 그 이유 때문이다. 가격이 비싸니 단가를 줄이려는 브랜드보다 돈 있는 최고급 명품 업체들이 몰려들었다.

해외 바이어들은 "시몬느가 가격은 상대적으로 높지만 시장경쟁력은 뛰어나 결국 이득이다"라고 말한다. 단기적으로는 비싸게 구입하는 것 같지만 장기적으로 비즈니스를 해보면 이득이 남는다는 이야기다. 인력 관리비가 대폭 줄고 생산, 배달, 품질 관리에 이르기까지 신속하게 진행되어 이유 없이 새는 돈을 최소화하는 것이다.

이 계산 속에는 더 놀라운 사실이 숨어 있다. 시몬느가 경쟁업체보다 10% 비싼 가격을 책정해놓고 주문을 받지만, 그것을 감안해도 경쟁업체보다 3~5%의 비용을 더 쓰고 있다는 사실이다. 품질과 납품일 준수 등 최고의 서비스를 제공하기 위해 자신들의 돈을 아끼지 않기 때문이다.

● 실력이 가장 강력한 무기다 ─────────────────

성공한 기업가 중에는 성공의 비결로 "운이 좋았다"고 말하는 사람도 더러 있지만 사실 운만으로는 결코 성공할 수 없다. 성공한 개인과 기업은 미리 시장의 흐름을 읽고 변화를 예측했으며, 이에 대한 그들의 앞선 준비 덕분에 운을 잡을 수 있었던 것뿐이다.

시장의 변화에 미리 대비하기 위해 중국에 공장을 설립한 것이 하드웨어적인 준비라면 시몬느는 소프트웨어적인 준비도 병행했다. 다른 핸드백 제조업체들이 OEM 방식에 만족하고 있을 때 시몬느는 가장 먼저 ODM 방식으로 전환한 프론티어 회사다. OEM 방식이 바이어의 요구대로 충실히 제품을 만들어주는 단순 하청 방식이라면, ODM 방식은 소재와 제품 디자인 개발, 제조, 품질 관리까지 책임지는 제조방식을 의미한다.

박은관 회장은 손기술을 활용해 봉제만 잘하면 일감 걱정이 없던 단순 하청 생산 방식이 저물고 스타일과 소재 개발력 없이는 살아남을 수 없는 시대가 올 것임을 예측했다. 실제로 그가 ODM 방식으로 전환하고 10여 년이 지난 현재, 이미 중국·인도네시아·베트남 등의 봉제 실력이 한국과 비슷한 수준에 도달했다. 그 탓에 품질이나 가격 면에서 한국은 이미 OEM의 경쟁력을 잃었다고 해도 과언이 아니다.

바이어는 단순히 시키는 대로 제조하는 회사보다는 자신들의 부족한 부분을 채워줄 수 있는 거래처를 더욱 선호한다. 특히 시몬느처럼 소재와 제품 디자인 개발, 제조, 품질 관리 등의 능력이 출중한 제조사에 많은 것을 의지하고 도움을 구하기도 한다. 실제로 미국 유명 디자이너 도나 카란이 시몬느에 "일본 스님들이 매고 다니는 자루 같은 가방을 가죽으로 만들어보고 싶은데 어떤 소재로 어떻게 만들어야 제 느낌을 살릴 수 있을까요?"라고 도움을 요청해오기도 했다. 이처럼 외국 유명 디자이너가 핸드백 디자인 상담을 요청한 데는 시몬느가 타의 추종을 불허하는 스타일 개발 능력을 갖추고 있었기 때문이다.

시몬느가 제품 생산뿐만 아니라 디자인 및 소재 개발, 마케팅 지원까지 딤딩하는 ODM 방식을 본격적으로 시작한 해는 2000년도이다. 그때부터 시몬느의 혁신이 시작되었다. 시몬느가 단순히 외국 브랜드가 제시한 디자인대로 제품을 제작하여 납품하는 OEM 방식을 계속 유지해왔다면 그들과 갑을 관계를 깨기 어려웠을 것이다. 스스로의 능력을 키웠던 덕분에 시몬느는 갑을 관계를 동등한 파트너 관계로 업그레이드했고, 세계 최고의 핸드백 제조업체로서 단 한 번의 멈춤 없이 성공 가도를 달릴 수 있었다.

현재 세계적인 브랜드를 소화할 만한 우수한 디자인 능력과 제조기술, 소싱 능력까지 보유하고 있는 세계 럭셔리 핸드백 생산회사는 시몬느가 유일하다. 물론 앞서 설명했듯 프라다 핸드백 전문 OEM 생산회사인 중국의 시토이피혁이 시몬느의 뒤를 따르고 있지만 엄격히 말하면 이 두 생산회사는 그 성격이 전혀 다르다. 즉, 시토이피혁이 규모 면에서 시몬느와 필적할 만한 거의 유일한 생산회사이긴 하지만 기업의 성격은 확연히 다르다. 시몬느는 세계 핸드백 시장의 흐름을 미리 읽고 최고급 브랜드를 하나씩 파트너로 만들어나가며 ODM, 그리고 풀 서비스 컴퍼니로 성장한 반면, 시토이피혁은 브랜드의 요청에 단순 OEM을 진행하면서 성장한 생산회사이다.

OEM에서 ODM으로의 전환은 기술도 중요하지만 무엇보다도 리더의 의지와 그것을 실행으로 옮기는 노력이 중요하다. 이는 두 가지 이유로 설명할 수 있다. 시몬느의 경우를 예를 들어 본다면 우선, 새로운 흐름에 대한 한 발짝 앞선 예측 능력이 있었다. 트렌드를 주도하는 기업과 기업인은 대체로 늘 과거와 현재의 흐름을 살펴보면서 새로운 흐름을 창출해내는 능력이 뛰어나다.

지금도 다른 나라 핸드백 제조회사는 여전히 봉제 산업의 공방 역할을 넘어서겠다는 생각을 안 할 수도 있고, 생각했다고 해도 시장에 접근하는 방법을 모를 수 있다. 실제로 시장의 변화를 읽고 대응책을 찾아내는 게 쉬운 일이 아니다. 박은관 회장은 젊은 시절부터 유럽공방을 수없이 자주 다니면서 시장을 읽는 눈을 가질 수 있었다. 물론 단순히 그곳의 생태를 보는 것만으로 ODM의 내공을 쌓았다고 할 수는 없다. 박은관 회장은 오랜 해외 업무 경험을 통해 핸드백에 사용되는 소재에 대한 감각을 키웠고, 그 소재를 가져와 국내에서 샘플을 만들어내고 그것으로 해외 브랜드 업체를 접촉하고 어떻게 엮어 나가야 하는지 길을 알고 있었다. 그것은 누구나 가질 수 있는 재산이 아니다. 이런 경험이 없으면 고급 브랜드의 ODM 생산에 대한 생각은 할 수 있어도 구체화할 방법을 알기란 어렵다.

사실 시몬느는 1987년 창업 당시부터 100% OEM은 아니었다. 시몬느의 첫 번째 파트너였던 에스프리 때에도 시몬느는 소재와 디자인 개발을 많이 해주었다. 표면적으론 OEM이지만 실제적으론 ODM 방식을 병행한 것이다. 가능하면 완전 OEM은 하지 말자는 게 박은관 회장의 초심이었던 것이다. 사실 제조회사 입장에서 일방적인 OEM은 위험부담이 크다. 브랜드사가 거래처를 바꾸려 할 때마다 마음을 졸여야 하고, 그러다 보니 모든 게 브랜드사 요구대로 돌아갈 위험도 크다. 지금도 시몬느는 OEM 비율이 30% 정도로 한정되어 있다.

두 번째 이유는 탁월한 경쟁력을 확보했기 때문이다. 시몬느의 공급가격은 타 경쟁사에 비해 다소 높은데도 시몬느와 계약을 맺은 브랜드 업체 대부분이 전체 물량의 60% 이상을 시몬느에 맡기는 이유는 그만큼 시장경쟁력이 좋기 때문이다. 즉, 시몬느가 핸드백 시장 트렌드를 읽는 눈이 탁월할 뿐만 아니라 트렌드를 주도할 수 있는 품질과 기술력, 그리고 시스템을 갖췄기 때문이다. 이러한 경쟁력은 브랜드 생산회사 입장에서도 계산기를 두드려 볼 때 높은 매출원가를 감안하더라도 이득이라는 결론이다. 이것이 해외의 유명 브랜드들이 시몬느와 거래하는 이유이다.

순항의 비법은
따로 있다

SIMONE | 01 | STORY

약속은 반드시 지켜라

"네덜란드 상인은 신용을 목숨처럼 여긴다"는 말이 있다. 1597년 여름, 네덜란드의 한 상선이 새로운 교역로를 찾기 위해 북극에 들어갔다가 배가 빙하에 갇히는 사고가 발생했다. 추위와 배고픔의 고통 속에서 선원들은 하나둘 죽어 갔고, 오십여 일 뒤 그곳을 지나던 러시아 상선에 의해 구조었을 때는 겨우 열두 명의 선원만 살아남았다. 그들이 네덜란드로 돌아왔을 때 사람들은 매우 놀라고 감동했다. 위탁 화물인 옷과 식량 그리고 약품이 그대로였기 때문이다. 선원들은 영하 40도의 혹독한 추위에 떨고 배고픔과 괴혈병에 시달리면서도 자신들을 믿고 거래해준 고객들의 물품을 꿋꿋이 지켰던 것이다.

시몬느가 27년이라는 시간 동안 세계 명품 핸드백 브랜드 생산회사와의 역사를 쌓아오는 동안 '신용'은 그 무엇보다도 강력한 접착제가 되어주었다. 오죽하면 시몬느는 오랫동안 거래한 브랜드 회사와 거래할 때 계약서를 쓰지 않기로 유명하다. 상대방도 시몬느도 굳이 서로에게 계약서 쓰기를 요구하지 않는다. 지금껏 계약서 없이 거래를 해왔지만 서로가 나눈 이야기에서 그다지 틀린 게 없다는 믿음이 쌓인 것이다. 아무리 가깝다고는 해도, 한 업체와 많게는 1년에 수백 억이 오가는 거래를 하면서 계약서를 쓰지 않는다는 사실은 가히 충격적이다.

비즈니스에서 신용은 아주 중요하다. 그런 만큼 신용은 하루아침에 생겨나지 않는다. "신용을 강화하는 데는 기술과 더불어 10년이라는 시간이 필요하다"는 톰 피터스의 말처럼 신용의 근저에는 오랜 세월 거래를 이어온 '시간'의 힘이 있다. 그런데 비즈니스 세계에서 시간은 '품질'이나 '납기 약속'과 같은 비즈니스 과정에서 발생하는 조건들을 전제로 한다. 즉, 품질이나 납기 약속 등을 지키지 못하는 거래는 결코 오래갈 수 없다.

신용은 무엇보다도 성실함을 담보로 한다. 단언하건대, 성실하지 않은 사람이 신용을 잘 지키는 경우는 없다. 물론 성실해도 신용을 잘 지키지 않는 경우는 있다. 열심히 뛰었지만 매번 간발의 차이로 약속에 늦는 경우가 좋은 예이다. 제아무리 과정에서 성실성을 보였다고 해도 결과적으론 약속을 어긴 것이 된다. 신용은 성실성과 더불어 약속을 중요하게 여기고 그것을 지키려는 강한 책임감이 뒷받침될 때라야 비로소 지켜낼 수 있다.

박은관 회장은 성실한 사람이다. 지나치게 성실해서 때로는 강박증처럼 보일 때도 있다. 1979년 청산에 입사한 이래 지금까지 35년 동안 단 한 차례도 결근이 없었다. 또한 같은 기간 동안 1년에 네 번 있는 미국의 핸드백 마켓에 한 번도 빠지지 않고 참여했다. 이는 세계 핸드백업계를 통틀어도 박은관 회장 혼자 가지고 있는 기록이다. 그뿐만 아니다. 박은관 회장은 거래처와의 미팅 약속도 철저하게 지킨다. 유명 브랜드 회사인 파실FOSSIL과는 매 마켓 첫 번째 토요일 오전 10시에 미팅을 하는데, 박은관 회장은 18년 동안 한 번도 이 미팅에 빠진 적이 없다. 35년 동안 뉴욕에서 3000번 정도 미팅했지만, 그가 미팅 시간에 늦은 것은 두세 번밖에 되지 않는다. 박은관 회장의 신용은 단지 성실함만으로는 설명될 수 없다. 약속은 반드시 지켜야 한다는 책임감으로 무장한 덕분에 계약서가 따로 필요하지 않을 만큼 신용이 깊어진 것이다.

● 품질, 집착하고 또 집착하라

인텔의 최고경영자였던 앤디 그로브Andy Grove는 "편집증이 없으면 살아남지 못한다"고 말했다. 실제로 성공한 CEO들, 특히 기업의 창업자인 경우에는 그 분야에서 자신만의 시각을 갖게 되고, 자연스레 집착하는 부분도 생기게 된다. 예컨대 특정 부분은 반드시 본인이 직접 챙기는 버릇 같은 것이다.

스웨덴의 대표적인 보드카 앱솔루트는 창업자인 올손 스미트의 '순수함'에 대한 집착으로 완성된 술이다. 앱솔루트의 주원료인 밀과 물의 공급은 물론이고 증류 역시 오직 그의 고향인 스웨덴 남부의 작은 마을 아후스^Ahus에서만 하고 있다. 앱솔루트는 겨우내 아후스 지방의 차가운 얼음 속에 묻혀 있다가 봄에 싹을 틔우는 겨울 밀만을 사용한다. 물 역시 아후스의 샘물만을 고집하는데, 아후스의 샘물은 4만 년이 넘도록 빙하 속에 갇혀 있다 흘러나오는 만큼 순수하기 때문이다. 물론 증류 공장도 완벽한 품질 관리를 위해 오직 아후스 한 곳에만 있다.

올손 스미트는 그가 직접 엄선한 겨울 밀, 순수한 샘물만으로 만족하지 않았다. 수백 번의 증류를 거쳐 최고의 '순수함'을 구하려고 노력했고, 그렇게 얻은 결정체들을 불투명한 술병이 아닌 투명한 약병과도 같은 용기에 담았다. 또 모든 병은 앱솔루트를 담기 전 반드시 앱솔루트로 헹구는 작업을 거치며, 거추장스러운 라벨도 부착하지 않는다. 순수하지 않은 그 어떤 것도 담지 않으려는 창업자의 노력이 엿보인다.

시몬느의 박은관 회장에게도 편집증이라 할 만큼 집착하는 부분이 있다. '섬세한 관심^Attention to Detail', '고객 밀착^Close to the Customer', '추가적인 손질^Extra Touch' 이 세 가지가 명품을 만든다고 하는데, 박은관 회장은 이 중에서도 특히 '섬세한 관심'에 꽤 집착하는 편이다. 명품이 명품일 수 있는 이유가 그 누구도 흉내 낼 수 없는 완벽한 품질에 있는 만큼 디테일에 집착할 수밖에 없다.

박은관 회장은 아무리 바빠도 '개발견본'을 체크하는 일은 빼먹지 않는다. 9년 전, 디자인을 비롯해 생산의 거의 모든 과정에서 손을 뗐지만 개발견본 체크는 여전히 직접 하고 있다. 핸드백 제조에서 개발견본은 굉장히 중요하다. 왜냐하면 그 견본을 통해 제품의 소재,

생산 공정, 가격까지 산정할 수 있기 때문이다. 박은관 회장은 개발 견본에서 그 세 가지를 보는 것이다.

시몬느는 지금까지 27년 동안 17만 개의 스타일을 만들었다. 그중에 박은관 회장이 보지 않은 스타일은 하나도 없다. 아무리 바빠도 개발견본은 반드시 확인하며, 심지어 출장으로 자리를 비워도 한국에 돌아와서 꼭 체크한다. 몇억 원씩 나가는 결제는 다른 사람에게 위임해도 개발견본만큼은 직접 확인하지 않고서는 절대 밖으로 보내지 않는다. 이게 그의 원칙이다.

개발견본 체크는 품질의 최종 단계를 직접 확인하는 일이다. 보통 핸드백은 기획에서 결과물이 나올 때까지 9개월이 걸린다. 그 과정 중 맨 마지막 공정이 개발견본이 나오는 과정이다. 이 단계에서 박은관 회장이 '아웃' 판정을 내리면 처음부터 다시 만들어야 한다.

박은관 회장이 개발견본을 직접 눈으로 점검하기 위해서는 중국, 인도네시아, 베트남 등 다섯 개 공장에서 만들어진 제품이 하나씩 본사로 모여야 하는데, 이처럼 견본이 한국에 모이는 데 들어가는 비용만 연간 20억 원이 훨씬 넘는다. 그렇게 도착한 제품들을 쇼룸에 놓고 일일이 확인하는 과정을 거치는데, 그 숫자가 매주 200~300개 정도 된다. 박은관 회장은 평소 매일 정오와 오후 4시, 두 차례에 걸쳐 개발견본을 확인한다.

박은관 회장이 개발견본을 꼼꼼하게 챙기는 것은 직원들의 잘잘못을 따지기 위해서가 아니다. 과거의 실수를 반복하지 않으려는 의미가 더 크다. 실수를 반복하면 실패의 씨앗이 되지만 실수로부터 배우고 반복하지 않으려 노력하면 성공의 씨앗이 된다.

"이 소재는 예전에 이렇게 만들었다가 물건이 안 좋게 나와 클레임 걸린 적이 있으니 이런 디자인에는 소재를 다른 것으로 바꿔야 한다."

"이 소재를 꼭 써야 한다면 제조 방법을 바꿔라."

개발견본을 챙기며 직원들과 소통하는 시간은 박은관 회장이 직원들과 가장 밀착되는 시간이기도 하다. 브랜드의 이미지와 정체성에 맞게 디자인했는지, 해당 브랜드에 맞는 소재를 사용했는지, 그 브랜드의 가격 포지션에 맞게 만들었는지……. 박은관 회장의 경험과 지혜를 바탕으로 이들을 바로잡는 과정이다. 이렇게 노력해도 하루 평균 세 건 정도 실수가 나온다. 시몬느가 지금까지 이룬 성공의 결과가 많은 것처럼 실패의 경험도 적지 않다.

지난 27년 동안 시몬느를 통해 나온 수십만 개의 제품은 시몬느의 뿌리이자 열매이다. 박은관 회장은 아무리 세월이 지나도, 생산 제품의 수가 늘어나도 단 하나의 제품도 기억 속에서 흘려보내지 않고 하나하나 모두 기억하고 있다. 오죽하면 박은관 회장은 이제 개발견본만 봐도 무엇이 문제인지 알 정도의 경지에 올랐다. 그러다 보니 사원들은 그를 '천재'라고 말한다. 수십 년 전에 만든 가방을 예로 들면서 개발견본의 하자를 똑같이 지적해내니 천재처럼 보이는 것이다. 그러나 그것은 하늘이 내려준 천부적인 재능도 아니고, 탁월한 기억력 덕분도 아니다. 그것은 오로지 땀으로 이룬 노력의 결과이다.

핸드백을 검수할 때는 공통적으로 체크해야 하는 스무 가지 정도의 핵심사항이 있다. 어떤 가죽을 썼는지, 그 가죽은 얼마짜리인지,

재단은 어떻게 했는지, 장식은 어떤지, 그 장식의 기능은 문제가 없는지, 어깨끈의 길이는 얼마인지, 지퍼가 물리지 않게 했는지, 라이닝이 끝까지 내려갔는지, 이음새들이 터지진 않았는지, 전체적인 비율Proportion은 맞는지, 포장은 어떻게 했는지 등이다.

박은관은 이것을 모두 직접 확인한다. 수십 년 동안 이 작업을 했기 때문에 개발견본이 10년 전 스타일이든, 20년이 된 스타일이든 핵심 포인트를 잡아내는 것이다. 이건 관록의 힘이지 천재여서 알 수 있는 게 아니다.

개발견본 확인 외에도 박은관 회장은 품질의 완벽함을 추구하기 위해 집착에 가까울 정도로 집요하게 노력한다. 특히 제품의 불량을 없애기 위한 사전 테스트는 지나치다 싶을 정도로 많이 한다. 기업가정신을 이야기할 때, 모든 위대한 기업가들은 자신의 '업'에 충실하다는 공통점을 손꼽는다. 그 충실함의 정도는 "미쳐야 미친다"는 경지에까지 이르는 경우가 많다. 주변에서는 미쳤다고 할지언정, 자신의 업에 대한 집착이 결국 성공을 불러오는 것이다.

돈을 주고 구매한 제품이나 서비스의 불량에 관대한 고객은 별로 없다. 시장에서 1000원을 주고 산 양말 한 켤레도 실밥이 뜯어져 있다면 기분이 상하고, 심지어 다시는 그 가게의 제품을 사고 싶지 않은 마음마저 들 수 있다. 하물며 소위 말하는 명품이라는 영예로운 수식어를 가진 제품에 품질상 허점이 있다면 실망을 넘어 분노의 감정까지 들 수 있다. 더군다나 요즘 같이 SNS가 발달한 시절엔 그 분노가 한 개인의 감정으로 그치지 않고 고객들 사이에 퍼져 나가 브랜드 이미지에 큰 타격을 입힐 수도 있다.

서비스 부문에서 말콤 브리지 상을 받은 페덱스^{Fedex}에는
'1:10:100의 법칙'이라는 것이 있다. 불량이 생길 경우 이를 즉각적으
로 고치는 데는 1의 원가가 들지만, 상사의 문책이 두려워 이를 숨기
고 그대로 기업의 문을 나서면 10의 원가가 들며, 이것이 고객 손에
들어가 클레임으로 돌아오면 100의 원가가 든다는 법칙이다.

시몬느는 최고의 명품 핸드백 제조업체답게 불량품의 양산을
최대한 방지하기 위해 아예 테스트 매뉴얼을 갖추어놓고 제품당
5000번 이상의 테스트를 거친다. 혹시 나올 수 있는 불량품을 최대
한 차단하려고 가능한 한 많은 테스트를 하는 것이다. 하지만 아무
리 테스트를 많이 해도 실제 그 상품을 사용하기 전에는 하자를 찾
아내기 어려운 경우도 있다.

한번은 어느 브랜드 디자이너들이 손잡이 튜브라인에 달린 장식
을 엄청나게 작게 만들어 달라고 한 적이 있다. 그 요구를 그대로 들
어주다가 핸들이 가방에서 빠지는 고객 불만이 발생한 적이 있다.
그 일로 보상해준 돈이 60만 달러 정도 되었다. 디자이너들이 요구
해도 기능까지 문제가 되는 경우는 반드시 바로잡아야 한다. 그걸
바로잡지 않으면 어김없이 소비자로부터 불만사항이 발생한다.

브랜드 회사 디자이너의 요구를 들어주어 발생한 이런 상황에서
조차도 책임은 제품을 생산한 제조회사에 있다. 바이어의 요구대로
했을 뿐인데 왜 제조사가 책임을 져야 하느냐며 따져 물을 법도 하
지만, 시몬느는 책임이 누구에게 있느냐를 따지기 이전에 고객 만족
이 최우선이 되어야 함을 잘 안다. 고객이 만족하지 않는 제품의 생
산은 시몬느에는 의미가 없기 때문이다.

● 걸어서 안 되면 뛰고, 뛰어서 안 되면 날아라!

'핑계 없는 무덤 없다'는 말처럼 세상의 모든 실패에는 그럴만한 이유가 다 있다. 마찬가지로 세상의 모든 성공에도 그들이 성공할 수밖에 없는 나름의 이유가 있다. 시몬느의 성공에도 디자인이나 소재 개발 능력, 뛰어난 핸드백 제조 기술과 감각적이고 똑똑한 인재 확보 등 여러 가지 이유가 있었다. 그러나 이것만으로 성공을 보장할 수 있는 것은 아니다. 성실한 기업은 이 세상에 얼마든지 있다. '성공'을 위해서는 남들이 가지고 있지 않은 특별한 '무엇'이 필요하다.

시몬느가 가지고 있는 그 특별함은 '연속성'과 '예측 가능성'이다. 실제로 시몬느와 거래하는 모든 브랜드 회사들은 한결같이 "시몬느라면 믿을 수 있다"고 말한다. 시몬느는 그 어떤 상황에서도 바이어와의 약속을 어기는 실수는 하지 않는다. 명품의 명예를 지키기 위한 품질의 완벽성 추구는 물론이고, 납품에 대한 시간 약속까지도 완벽을 추구한다.

품질이든 시간이든 약속을 어기는 순간 서로의 믿음은 무너진다. 특히 주문을 받아서 물건을 만들어내는 제조회사가 절대로 하지 말아야 할 실수는 납품기한을 어기는 일이다. 납품기한을 어기면 물건을 주문한 회사가 나머지 일정을 모두 변경해야 한다. 또한 이에 따른 엄청난 손실이 발생하는 경우가 많다. 이런 경험을 하고 나면 두 번 다시 거래를 하려 하지 않을 것이다. 납품기한만큼은 어떠한 일이 있어도 반드시 지켜야 한다.

그럼에도 일을 하다 보면 납품일을 맞추지 못하는 상황이 발생한다. 원인은 여러 가지이다. 자재 확보에서 시간을 잡아먹을 수 있고, 생산이 밀려서 납품이 늦는 경우도 있다. 그러면 생산라인에서는 영업팀에서 넘치게 오더를 받았다고 이유를 대고, 영업팀은 원래 사업계획에서 잡아준 물량대로 맞춰서 수주받았다고 말한다. 이유야 여러 가지가 나올 수 있지만 어쨌든 책임은 모두에게 있다.

제조업에서는 특히 납품일과 관련해 예측이 어려운 상황이 자주 발생한다. 예컨대 영업팀에서 100이라는 오더를 받아도 실제로 주문의 난이도 문제나 공장 내부의 인원수급 문제로 생산이 90밖에 안 될 수 있다. 또, 처음에는 100을 주문했는데 바이어가 시장 반응이 좋다며 갑자기 110이나 120으로 주문량을 늘리기도 한다. 아무리 추려서 받아도 소화하지 못할 수도 있다. 설령 모든 과정을 계획대로 잘했다고 해도 마지막에 결정적인 하자가 발견되면 처음부터 다시 작업해야 하는 경우도 생긴다. 혹시 모를 이런 사고까지 감안해서 시간을 예약할 수는 없다.

그럼에도 시몬느는 지금까지 납품일을 어긴 적이 한 번도 없다. 핸드백업계에서는 마지막 납품일을 기준으로 4주 이상 지체하면 대형사고로 간주한다. 그런데 시몬느는 지난 27년 동안 한 번도 배송날짜를 어긴 적이 없다. 원자재 등 시몬느가 받아야 할 것은 늦은 적이 있어도 배송에서 늦은 적은 없다. 하자를 무시하고 납품을 감행한 것도 아니고, 직원들에게 특별한 능력이 있어서도 아니다.

시몬느가 지난 27년 동안 납품기일을 완벽하게 지킬 수 있었던 비결은 따로 있다. 납기가 늦을 것 같으면 배 대신 비행기를 이용한다. 걸어서 안 되면 뛰고, 뛰어서 안 되면 날아가는 것! 이것이 바로 시몬느가 27년째 배송사고를 내지 않은 비결이다. 미국의 브랜드는 우리나라와 지구 반대편에서 거래하는데, 2011년 기준으로 시몬느가 비행기로 실어다 준 추가 비행기 운임이 1100만 달러 가까이나 된다. 그 덕분에 시몬느와 거래하는 바이어들은 소매상이나 백화점에 약속한 납품 시간을 완벽하게 지킬 수 있었다. 시몬느가 노력해준 덕분에 서로가 신용을 지켜나갈 수 있는 셈이다. 이것은 아주 간단한 비결이긴 하지만 실제로 이렇게까지 해서 납품일을 맞추려 노력하는 제조회사가 드물기에 시몬느의 노력과 정성이 더욱 대단하게 느껴지는 것이다.

납품일을 철저히 지키는 신용과 더불어 시몬느의 최고의 무기는 단연 '품질'이다. 그래서 시간이 걸리더라도 완벽한 제품이 나올 때까지 작업을 계속한다. 그러다 보면 시간이 지체될 수가 있다. 그렇게 지체되는 시간은 선박 대신 비행기로 수송해서 만회한다. 물론 비용은 훨씬 더 많이 든다. 하지만 시몬느에 중요한 것은 비용이 아니라 고객과의 신용을 지키는 일이기에 아까울 것이 없다. 이렇게 비행기를 이용하는 데 드는 비용만 1년에 평균 400~500만 달러에 달한다.

비즈니스에서 새로운 고객을 창출하는 것도 좋지만 더욱 중요한 것은 기존 고객을 유지하고, 나아가 그들을 충성고객으로 만드는 일이다. 특히 기업 간의 거래에서 고객사를 충성고객으로 만들어둔다면 안정적인 비즈니스가 가능해 기업의 성공과 발전에도 큰 도움이 된다. 이를 위해 필요한 것이 바로 '신용'이다. 시몬느가 한번 인연을 맺은 고객들과 수십 년 동안 계속해서 일을 해나가고 있는 비결 역시 '신용'이다. 품질에 대한 약속은 물론이고 납품기한까지 정확하게 지켜서 고객사가 비즈니스 하는 데에 차질이 생기지 않게 해주니 세계적인 브랜드 회사들이 믿고 거래를 이어갈 수 있다. 물건도 잘 만드는 회사가 약속도 칼 같이 지켜주니 시장에서 높은 점수를 받는 것은 당연한 일이다.

SIMONE | 02 | STORY

순풍에도 키를 놓지 마라

━━━━━ 바다를 항해하는 배는 목적지까지 안전하게 도달하기 위해 키를 움켜잡은 손에 한순간도 긴장을 풀어서는 안 된다. 순풍이 불어오고 바다가 잔잔하다고 해도 언제 암초와 같은 위험 요소의 등장으로 돌발 상황이 벌어질지 모르기 때문이다. 비즈니스도 마찬가지다. 순풍에 돛 단 듯 모든 것이 바라던 대로 진행된다고 하더라도 예상치 못한 변수의 등장에 대한 긴장의 끈은 늘 놓지 말아야 한다.

더군다나 최고의 품질을 추구하는 명품 브랜드들은 순풍에 느긋해하거나 안일해질 여유가 없다. 더 나은 품질을 추구하려는 노력이 한시도 키를 놓지 못하게 하는 것이다. 한때 일등의 자리에 있던 글로벌 기업 중에는 한순간에 사양길로 들어선 경우가 적지 않다. 경쟁과 생존의 긴장감을 상실한 채, 시장의 지배자라는 위치에 만족하며 '이카루스의 패러독스'에 빠져 멸망하는 것이다.

디즈니는 오랜 세월 동안 미국뿐만 아니라 전 세계에서 사랑을 받았다. 그래서 일본에 디즈니랜드를 만들어 대성공을 거둘 수 있었다. 당시 디즈니의 경영진은 일본의 성공에 힘입어 유럽으로의 진출을 꾀했다. 테마파크의 1인자로서 이미 검증된 성공 방정식이 유럽에도 당연히 통하리라는 낙관적인 기대만을 가지고 파리 외곽에 '유로 디즈니'를 개장했다.

그러나 유로 디즈니의 개장은 오히려 디즈니에 재앙을 가져다주었다. 디즈니는 미국과 일본의 성공방식을 답습했는데 이것이 실수였다. 예컨대, 화려한 숙박시설과 식당시설을 갖췄음에도 유로 디즈니의 방문객들은 이를 대부분 이용하지 않았다. 워낙 검소한 라이프 스타일이 몸에 밴 유럽인들은 도시락을 가지고 방문하고 일부러 비싼 유로 디즈니의 호텔에 숙박하지 않았던 것이다. 게다가 프랑스 사람들에게 와인은 식사 때 늘 마시는 음료와도 같다. 그런데 디즈니는 그들의 주류 판매 금지 정책에 따라 와인을 판매하지 않으니 프랑스 사람들로서는 그곳이 그리 마뜩잖은 놀이공간이었던 셈이다. 그 결과 유로 디즈니는 막대한 적자를 내고 실패의 나락으로 떨어지고 말았다.

비즈니스 세계는 생존의 법칙이 난무하는 정글과 같다. 아무리 지배적인 위치에 있더라도 한순간 긴장을 늦추거나 과거의 성공방식만을 고집한다면 순식간에 생존마저 위협당한다. 미국의 《포춘 Fortune》이 1970년에 선정한 500대 기업 중에서 불과 10여 년이 지난 사이에 3분의 1이 다른 기업에 인수되거나 소멸됐다고 한다. 긴장을 늦추지 않고 매번 새로운 도전과 경쟁을 시도하는 것은 비즈니스의 성패를 결정하는 매우 중요한 일이다.

● 최고의 샘플을 만들어라

대부분의 제조업체는 자신들이 생산하는 제품의 품질이 더욱 완성도 있기를 바라고, 이를 위해 최선의 노력을 다한다. 특히 명품은 완벽에 가까울 정도로 품질에 정성을 쏟는다. 가격이 비싸고 이미지가 좋은 만큼 품질에 대한 고객의 기대가 높기 때문이다. 상황이 이러하니 명품 생산은 개발단계에서부터 마무리까지 신경 써야 할 일이 한둘이 아니다. 작은 실수라도 생기면 큰 대가를 치러야 한다. 제품 불량은 치명적인 일이고, 납품일이 어긋나면 돈으로 페널티를 물어야 한다. 그래서 매 순간 긴장하면서 만들어야 하는 게 명품이다. 시몬느가 단순 제조회사가 아닌 풀 서비스 컴퍼니로 성장한 비법 역시 한순간도 긴장을 늦추지 않은 철저한 프로의식 덕분이다.

시몬느가 제공하는 풀 서비스의 과정은 다음과 같다. 이는 고객사로부터 받은 시즌별 컬렉션 콘셉트에 맞게 소재와 디자인을 개발하는 단계부터 시작한다. 우선 시몬느는 고객 브랜드로부터 매 시즌의 디자인 패키지를 받는다. 보통 디자인 패키지 속에는 세 가지가 포함된다. 고객사의 담당 디자이너가 이번 시즌에 하고 싶은 소재 견본과 메인 테마 컬러 팔레트, 그리고 디자인 스케치가 그것이다.

시몬느는 무엇보다도 디자인 패키지 해석 능력이 뛰어나다. 소재

소싱 방법을 찾고, 장식이나 디자인 등에 적극적이고 능동적으로 참여하기 때문이다. 덕분에 브랜드 회사에서는 그들이 생각한 것보다 더 나은 샘플을 받게 되는 경우가 많다.

브랜드 회사에서 디자인 패키지가 도착하면 시몬느의 제품개발팀에서 그것을 확인하고 자재팀과 상의해서 원하는 소재를 찾아낸다. 만약 브랜드 회사에서 다섯 개의 소재를 보내왔다고 하면 각각의 소재들을 최적의 가격과 품질을 기준으로 소재의 소싱 방법을 찾는 것이 첫 번째 과정이다. 예컨대, 보내온 소재 중 1번 소재가 A 제혁소^{Tannery}에서 5달러이고, 똑같은 소재가 B 제혁소에서 4.5달러라고 하면 A, B 제혁소 모두 선정해서 비교할 수 있게 해준다. 또, 트림^{Trim}으로 사용되는 2번 소재를 충분히 대체할 2.7달러짜리 소재가 국내에 있다면 그것으로 대신 선정하고, 3번 소재가 어떤 불특정 핸드백 리테일에서 구입한, 출처를 알 수 없는 경우에는 시몬느에서 직접 소재를 개발해주는 식이다.

소재 개발 방법은 크게 두 가지인데, 브랜드 회사가 지정한 곳에서 구매하는 방법과 그보다 품질이 더 좋거나 가격 경쟁력 있는 소재가 따로 있으면 '대체소재^{Substitute Resorce}'로 소개하는 방법이다. 간혹 정보가 없으면 적합한 소재를 개발하여 공급하기도 하고, 고객사가 지정한 소재와 함께 대체 소재를 옵션으로 챙겨서 풀 패키지로 해당 브랜드 고객사에 보내기도 한다. 이처럼 소재 개발은 첫 과정부터 고려해야 할 사항이 많고 시간이 오래 걸리기 때문에 고객 브랜드들은 매 주문 시 소재 풀 패키지를 가장 먼저 보내준다.

첫 단추가 잘 끼워져야 모든 단추가 알맞게 채워지듯 전체 과정

중 소재 소싱 방법을 찾는 일이 가장 중요하다. 최적의 소재를 착한 가격에 구하는 능력이 제품의 마진을 좌우하기 때문이다. 또 디자인과 원가계산에서도 어떤 소재를 어떻게 사용하느냐가 가장 중요하므로 실질적으로 핸드백 제조과정에서 가장 많은 시간과 노력을 투자하는 부분이기도 하다.

소재 개발이 끝났다면 다음은 장식이다. 브랜드 고객사에서 지정한 장식을 기본으로 한다. 그러나 간혹 기능적으로 문제가 발생하기도 한다. 이는 시몬느 디자인팀에서 수정하기도 하는데, 시몬느가 다른 회사보다 뛰어나게 잘하는 부분이 바로 이 부분이다. 브랜드 회사에서 보내준 그대로 만드는 것이 아니라 오더 외에 다른 옵션을 만들어서 역으로 제안하는 경우도 많다.

디자인도 마찬가지이다. 브랜드 회사에서 스케치 30개를 줬으면 모두 주문대로 만들어주되 기능적으로 잘못되었거나 고쳐야 할 부분을 발견했을 때, 혹은 기존 디자인에 부가적인 추가 및 변경사항이 있으면 시몬느가 이를 직접 수정한다. 그런 다음, 브랜드 회사에서 주문한 원본 샘플과 시몬느가 수정 제작한 수정 샘플 두 가지를 같이 보내 브랜드 회사에서 직접 선택할 수 있도록 옵션을 만들어준다. 예를 들어, 작은 백이 함께 필요한 디자인인데 브랜드 회사에서 디자인을 안 보내준 경우에는 시몬느에서 작은 백을 직접 제작해 넣어 준다. 거기에 손에 들고 다닐 수 있는 쇼퍼 백Shopper Bag까지 함께 만들어서 제공한다.

이렇게 여러 옵션까지 만들어서 브랜드 회사에 보내면 수정할 사항이 있는 경우 수정을 요구해오고, 시몬느는 다시 그 수정사항대로 쇼 샘플Show Sample을 만든다. 그 샘플을 가지고 고객사에서 제품 회의와 마켓 상담을 거쳐 수량을 결정해 시몬느에 주문한다. 실질 생산이 들어가기 전 소재 및 디자인 개발 작업과 샘플 확인 작업을 위한 시간에만 2~3개월이 걸린다.

시몬느는 바이어, 즉 고객 만족을 위해 첫 단추부터 마지막까지 완벽을 추구한다. "고객을 만족시켜라. 처음에도, 가장 마지막에도, 그리고 항상!"이라고 베네통의 루치아노 베네통Luciano Benetton 회장이 말한 것처럼 처음부터 끝까지 무한 책임의식을 실천하고 있다.

● 9개월의 산고 끝에 탄생한 최고의 꽃

명품의 완성도는 제작과정에서의 오랜 산고産苦를 통해 만들어진다고 해도 과언이 아니다. 그중에서도 특히 명품 핸드백 하나를 완성하기 위해서는 9개월이라는 긴 시간 동안 산고를 견뎌내야 한다. 핸드백은 얼핏 보기엔 매우 단순한 것 같지만 제작 과정이 이만저만 복잡한 게 아니다. 다른 패션 아이템, 의류나 구두에 비해 훨씬 복잡하다. 그래서 핸드백의 아이덴티티 안에는 다른 명품 품목과 달리 복잡한 공정이 주는 가치도 있다. 이것이 여성들이 명품 핸드백에 환호하는 이유기도 하다.

의류나 구두 같은 그 외의 패션 제품에 비해 공정이 복잡하다는 것은 그만큼 진입장벽이 높다는 뜻이 된다. 공정이 간단하면 누구나 할 수 있다는 생각 때문에 시장이 복잡해지는 측면이 있다. 신규 브랜드가 이내 시장을 장악하는 일도 생기고, 유명 브랜드가 급작스럽게 가라앉기도 한다. 하지만 핸드백 시장에는 이 같은 경우가 거의 없다. 이 복잡한 공정과 시스템에 대한 요구 때문에 신규 브랜드가 쉽게 시장을 장악하는 게 사실상 불가능하다.

시몬느가 새로운 핸드백을 탄생시키기까지의 사이클은 보통 9개월 정도다. 만족스러운 샘플을 만들기 위한 사전 작업 과정이 2~3개월이라는 긴 시간을 필요로 하듯 본격적인 제품 생산에서 선적까지 6~7개월이라는 긴 시간이 소요된다. 예를 들어, 12월에 브랜드 고객사로부터 '디자인 패키지'를 받으면 이듬해 9월에 수출국가의 백화점에 전시되는 셈이다.

브랜드 회사에서 발주가 떨어지면 시몬느는 본격적으로 바빠지기 시작한다. 영업팀에서는 생산을 의뢰하기 전에 상담한 대로 주문이 되었는지 점검하는데, 고객사의 주문과 시몬느의 생산능력을 비교해 검수한다. 만약 생산이 버거운 경우에는 브랜드 회사 담당자와 다시 상담한다. 그다음, 실제 생산에 들어가기 전에 수정한 사항을 토대로 '생산 전 견본Pre-Production Sample'을 만들어 '이 스펙으로 최종 생산한다'는 디테일을 정한 후에 한 번 더 점검한다. 그리고 나서 최종적으로 공장의 생산라인에 넣는다.

실제 생산에서 가장 먼저 이루어지는 일은 원자재 구입이다. 핸드백 하나당 50가지 이상의 자재(가죽, 지퍼, 장식, 실 등)를 발주한다. 한국을 비롯해 기존의 봉제 산업이 발달한 나라와 터키, 일본, 중국 등지에서 원자재를 가져온다. 2011년 기준으로 원단의 약 50%는 이탈리아를 비롯한 유럽의 봉제 산업이 발달한 나라에서 가져오고,

나머지 50%는 국내 및 세계 각지에서 공급받고 있다. 지퍼는 100% 일본 YKK이고 각종 장식은 중국, 이탈리아, 한국산을 사용하며 나머지 실, 약품, 접착제 등은 대부분은 한국에서 공급받는다. 비슷한 품질이라도 유럽에서 가져온 재료가 조금 더 비싸기 때문이다. 국내에서 개발이 가능하다는 판단이 서면 국내 업체와 함께 개발에 들어가기도 한다.

중국, 인도네시아, 베트남 공장도 모두 같은 과정을 거친다. 특히 각 해외 공장에는 본사 영업팀 직원들이 직접 검수하고 관리한다. 영업팀은 현지에서 품질을 꼼꼼하게 확인한 후 생산품들을 유럽이나 미국 등지로 보낸다. 마지막 점검까지 하는 게 영업팀이다.

시몬느는 27년이라는 오랜 세월 동안 핸드백만을 만드는 외길을 걸어온 전문기업인데다, 단 한 번의 실패나 위기 없이 승승장구한 기업이다. 하지만 한순간도 긴장을 늦추고 안일한 마음을 품은 적이 없다. 순풍에도 절대 키를 놓아서는 안 된다는 것을 잘 알기 때문이다. 제아무리 베테랑 기업이라고 해도 주문이 5만 개, 10만 개씩 들어오다 보면 생산하는 중간에 뜻하지 않은 사고가 발생하곤 한다. 소재나 다른 재료가 부족한 상황이 발생하는 것이다. 실제로 생산 현장에서는 그런 일이 부지불식간에 비일비재로 일어난다. 특히 핸드백에 들어가는 50가지 부품 중 지퍼에 문제가 생기는 것은 엄청난 타격이다. 완제품을 모두 폐기해야 하기 때문이다. 모든 것을 정리하고 다시 시작하는 것 외엔 다른 방법이 없다.

문제가 발생하면 문제를 해결해 가면서 계속 업무를 진행하는 게 패션 제조업의 문화이다. 일이 잘 풀릴 때는 바이어와 상의해서 비행기에 싣기도 하고, 그래도 안 되는 경우는 중간에 미리 납품일을 연장하면서 조정 작업을 한다. 핸드백을 만드는 일은 이런 과정의 연속이다.

사실 제조업을 비롯한 모든 비즈니스에서 변수는 곳곳에 있다. 또 많은 기업이 이런 변수들 때문에 시행착오를 겪기도 한다. 하지만 따지고 보면 반복되는 시행착오를 최소화하고 부가가치를 증대하는 방법을 끊임없이 업그레이드하는 게 경영이다. 그런 의미에서 시몬느는 그동안 경영을 꽤 잘해온 편이다. 핸드백 제조업체 중 시스템이 가장 최적화돼 있다는 평가를 받고 있다. ODM 업체로서 시몬느는 핵심역량이 되는 인적 자원과 내부적으로 축적된 노하우나 지식과 같은 무형의 자산들을 어떻게 효율적으로 업무와 링크하고 내부화할 수 있는지에 가장 큰 역점을 두고 있기 때문이다.

대표적인 사례로, 시몬느에서는 "하나라도 더 팔기 위해 모두 발로 뛰어!"라며 모든 직원을 영업사원으로 활용하는 모습은 찾아볼 수 없다. 심지어 영업팀의 사원들조차 새로운 고객 유치를 위해 노력을 기울일 필요가 없다. 삼성의 휴대전화나 현대의 자동차처럼 다 만들어진 완제품으로 시장에서 협상하고 세일즈 할 필요가 없기 때문이다. 이미 고객사는 충분히 확보돼 있어서 고객 관리가 더 중요한 것이다. 즉, 새로운 브랜드를 잡아 오는 일보다 제품의 품질과 납품기한을 지킴으로써 기존 브랜드를 관리하는 일에 집중하면 된다. 시몬느는 기존 거래처들이 튼튼하게 자리 잡혀 있는데다, 특별히 거래하고 싶은 브랜드가 따로 있는 것도 아니다. 지금까지 시몬느에는 그런 브랜드가 없었다. 브랜드 생산회사에 직접 찾아가서 핸드백 제작을 제안한 경우는 창업 초기 도나 카란 뉴욕 컬렉션이 유일하다.

신규 영업보다는 기존 고객의 만족도를 높이는 일에 집중하다 보니 시몬느는 브랜드 회사와 한번 거래를 트면 아주 오래간다. 그리고 시몬느와 거래한 고객사들은 거의 다 시몬느와 함께 승승장구했다. 그러다 보니 같이 커 나가기도 바쁘다. 브랜드 회사에서 시몬느를 선택하는 게 아니라 시몬느에 연락이 오는 브랜드 중에서 선별해 작업하는 식이다. 상황이 이러하니 브랜드 회사와 제조업체에서 흔히 볼 수 있는 수직적인 갑을 관계는 시몬느와는 거리가 먼 이야기가 되었다. 품질관리나 납품일 관리 등으로 신용을 지켜나가면서 디자인 패키지 해석 능력을 키우는 등 실력을 쌓아나가니 자연스레 동등한 관계가 형성된 것이다.

브랜드 회사에 시몬느는 없어서는 안 될 주요한 파트너이다 보니 대금 결제 또한 확실하게 지킨다. 시몬느가 지금까지 27년 동안 명품 브랜드 기업들과 거래를 해왔지만 대금을 결제받지 못한 경우는 0.001% 정도로 극히 미미한 수준에 불과하다. 1조 원의 매출을 바라보는 회사가 수십 년 동안 비즈니스를 하면서 못 받은 돈이 그 정도라면 거래선들과 얼마나 긴밀한 파트너십을 맺고 있는지 알 수 있다.

세계를 무대로
시스템을 구축하라

지속가능한 경영을 하기 위해서는 단지 기업의 외형적 규모를 키우거나 자본의 확대로는 불가능하다. 항구적 경영과 성공을 보장할 시스템의 구축으로 미래를 준비하고 있어야 한다. 그리고 이러한 시스템이야말로 글로벌 비즈니스를 충족킬 수 있는 기준이 된다.

앞서 로마의 사례를 이야기한 것처럼 시스템의 구축은 기업 경영에 가장 본질적인 과제라고 할 수 있다. 애플은 아이팟과 아이폰 등 단지 혁신적인 '제품'만으로 성공을 거둔 게 아니었다. 애플이 아이팟과 아이폰을 내놓았을 당시에도 이미 MP3 플레이어와 스마트폰은 시장에 존재했다. 그럼에도 이 생산회사는 두 가지의 시스템 구축으로 글로벌 1위의 디지털 업체로 거듭날 수 있었다.

첫 번째 시스템은 '소품종 대량 생산 시스템'의 구축이다. 애플은

1990년대 말부터 생산을 해외 하청업체에 위탁했고, 본사는 설계와 디자인을 맡는 방식으로 생산 시스템의 변화를 가져왔다. 애플은 아이팟과 아이폰에 이어 태블릿 PC인 아이패드, 데스크톱인 아이맥, 그리고 노트북인 맥북 시리즈를 만들었는데, 이 제품들은 모두 해외 공장에서 생산한다. 다만, 애플만의 글로벌 공급망 관리 시스템으로 효율적인 제조원가와 품질을 관리한다.

두 번째 시스템은 '애플 생태계'의 구축이다. 애플은 자신들의 제품에 활용되는 애플리케이션 중에서 가장 기본적인 것 말고는 써드 파티3rd party, 즉 외부 개발자들이 직접 앱 스토어App Store에 자신들이 만든 애플리케이션을 등록하여 사용자들이 선택할 수 있도록 했다. 그리고 판매수익의 70%를 개발자 몫으로 돌려준다. 이러한 애플의 생태계 시스템은 디지털 비즈니스의 패러다임을 뒤흔들어놓을 만큼 파격적이었다.

애플은 '혁신'으로 유명한 업체인데, 그 혁신은 이러한 차별화된 시스템의 구축으로 가능한 것이었다. 또한 애플이 구축한 시스템은 글로벌 비즈니스의 새로운 기준이 됐다. 그 후로 많은 기업이 생산과 유통 시스템을 재구축하기 위해 노력했고, 기업의 생태계에 대해서도 전략적으로 접근하고 있다.

시몬느는 제조회사이기 때문에 제조에 초점이 맞춰진 시스템 구축이 필요했다. 2014년 현재 시몬느의 생산기지는 중국, 인도네시아, 베트남 등 3개국에 여섯 개의 공장이 있다. 이로써 시몬느가 구상하는 아시아 클러스터가 완성되었다. 박은관 회장은 일찍부터 아시아 클러스터를 구상했고 몇 년에 걸쳐 계획을 실행으로 옮겼다.

유럽 봉제 산업 공방이 축소될 수밖에 없는 흐름을 간파한 그는 생산 단지가 아시아로 옮겨올 것을 알고 미리 이에 대해 준비를 하고 있었다. 한국 본사에 이어 중국, 인도네시아, 베트남 등 차례로 제조 시스템을 구축해나갔다. 브랜드는 미국과 유럽에 있고, 상품 기획은 한국에서 하고, 생산은 아시아 여러 나라에서 하며, 소비는 전 세계가 하는 이상적인 시스템을 만들어놓은 것이다. 세계의 핸드백 시장이 시몬느의 미래에 더 많은 기대를 거는 것은 이처럼 완벽한 시스템을 만들어놓은 회사는 시몬느가 유일하기 때문이다.

● 아시아 벨트가 시몬느의 경쟁력

1991년 중국 광저우 공장을 만든 이후에 시몬느는 주문량의 폭주로 공장규모를 계속 늘려갔지만 불과 몇 년 지나지 않아서 광저우 공장만으로는 감당할 수 없는 수준에 이르렀다. 그 시기에는 매년 매출이 세 배 이상 늘었으니 그럴 만도 했다. 결국 두 번째 공장이 필요했고, 1996년에 인도네시아 자카르타에 새로운 공장을 만들었다.

1996년 인도네시아에 공장을 만든 데에는 몇 가지 이유가 있었다. 우선 중국의 '쿼터제도' 때문이었다. 그 시기 중국에는 원단에 대해 쿼터제도가 있었다. 중국으로 원단을 들여오려면 중국에서 지정한 만큼 돈을 내거나 일정한 양의 중국산 원단을 사야 했다. 질이 떨어지는 중국의 원단을 살 수는 없고, 결국 원단 하나당 2달러씩 낼 수밖에 없었다. 이에 비해 인도네시아는 쿼터제도가 없었다. 시몬느처럼 원단을 많이 사용하는 기업들에는 중국보다 인도네시아가 유리할 수밖에 없었다.

그 시기 시몬느는 중국 물량이 감당하기 어려울 정도로 많아지면서 쿼터 비용이 부담스러운 수준까지 올랐다. 중국 공장 하나만 가지고 있으면, 돈을 더 많이 거두길 원하는 중국에 이용당할 가능성이 높았다. 쿼터를 상향 조정할 경우 낭패를 당힐 수 있는 것이다. 그렇게 쿼터 비용이 부담되기 시작했을 때 인도네시아 공장이 완공되었고, 중국의 물량을 넘겨받기 시작했다.

기업은 리스크 관리를 제대로 하지 않고서는 지속가능한 경영을 보장받을 수 없다. 그런데 현대 비즈니스 세계에서 리스크는 돌발적으로 발생하는 것이 아니라 늘 존재한다. 그래서 기업의 최고경영자는 미래에 발생할 수 있는 잠재적인 위협 요소들까지도 예측하고 대비하려고 노력해야만 한다. 시몬느도 중국에서의 쿼터 비용 증가는 현재의 리스크이자 앞으로도 더욱 증대될 위협요인이라고 일찌감치 예측했다. 그리고 이 리스크를 제거하기 위해 인도네시아에 공장을 증설한 것이다.

인도네시아 공장의 장점은 그 외에도 많았다. 인도네시아 인력 시장은 중국보다 안정되어 있다. 이직률도 낮고 경쟁력도 높다. 인도네시아 사람들은 기본적으로 성실하다. 지각이나 근태는 물론이고, 개인적인 이유로 휴가를 내는 직원들이 거의 없다. 한 번 입사하면 평생직장이라고 생각하면서 일한다. 이런 장점들 덕분에 세계의 많은 패션 브랜드들이 인도네시아에 많이 진출해 있다. 2000년대 들어 시몬느의 성장에 인도네시아 공장이 효자 노릇을 했다는 것은 박은관 회장 스스로도 누누이 밝히는 부분이다.

현재 인도네시아 자카르타에 있는 시몬느 공장에는 현지인 직원 약 3000명이 근무하고 있다. 한국인 파견 직원은 아홉 명이다.

중국, 인도네시아 다음으로 시몬느가 생산라인을 구축한 곳은 베트남이다. 베트남 호치민 롱안에 있는 첫 번째 생산라인은 2009년에 완성되었고, 두 번째 생산라인은 2011년 티엔장에 완성되었다. 그리고 2013년에 티엔장에 추가 공장이 설립되었다. 이에 앞서 2006년 중국 청도에 두 번째 중국 공장이 완성되었다.

시몬느가 베트남에 공장을 만든 것은 우선 저렴한 인건비 때문이었고, 두 번째는 베트남의 폭발적인 시장 확대로 이곳이 미래의 소비시장으로 탈바꿈할 수 있다는 사실 때문이었다. 즉, 생산시장이자 소비시장으로서의 가능성을 본 것이다. 실제로 베트남의 경제 성장률은 현재 세계에서 가장 높은 수준이다. 머지않은 시기에 경제 강국으로 부상할 것이라는 이야기도 나온다. 이러한 급격한 경제 발전 속도가 베트남의 가장 큰 매력으로 작용했다. 베트남의 변화 속도가 너무 빨라서 이내 대한민국에 육박하는 수준까지 될 것으로 보는 사람도 있다. 한 달 한 달이 다르다.

물론 장점이 있으면 단점도 있기 마련이다. 베트남은 중국이나 인도네시아보다 인건비에서 경쟁력이 있는 반면, 인력수급이 쉽지 않다. 즉, 일할 사람을 구하기가 어렵다. 공장설립 당시에는 100여 명으로 시작했지만 시몬느가 현지에서 좋은 회사로 알려지면서 베트남 티엔장 성에 있는 제1공장 직원 수는 현재 4800명이고, 호치민의 제2공장 직원 수는 5000여 명으로 가장 많고 현지 파견 직원도 가장 많다.

시몬느가 해외 공장을 성공적으로 안착시킨 과정은 꽤 흥미롭다. 거기에는 한국적인 진취성이 바탕에 깔려 있다. 봉제 산업을 비롯한 유럽 사람들은 우리와 삶의 우선순위가 다르다. 그들은 아무리 많은 돈을 줘도 생산회사를 위해 나폴리에 있는 가족을 버리고 중국에 와서 공장을 운영하지는 않는다. 유럽 봉제 산업의 미래가 불안한 것도 이런 시스템을 만들지 못하기 때문이다. 그들은 중국 사람들을 자신들이 사는 곳으로 유입시켜서 일을 시킬망정 자신들이 직접 해외로 나가지는 않는다. 개인적인 영역을 상당 부분 희생하면서까지 개인이나 회사의 성공을 좇을 필요가 없다고 생각하는 것이다. 국내의 많은 기업이 중국, 베트남, 인도네시아로 공장을 옮겨서 성공하는 이유는 이러한 개인적인 희생을 감수하면서까지 가족과 회사를 위하는 중간 관리자층이 두텁게 존재했기 때문이었다.

시몬느만 해도 광저우, 인도네시아, 베트남에 전부 사장이나 임원들이 나가서 생활하고 있다. 해외 공장에서 물량을 지속적으로 늘려 나갈 수 있는 것은 한국인들의 중간 관리Middle Management 능력이 강하기 때문이다. 그런 점에서 패밀리 비즈니스 중심인 이탈리아나 중국에 비해 우리가 강력할 수 있는 것이다. 한국 본사에서는 오더관리를 포함한 전체적인 사령탑 역할만 하면 된다.

유럽의 핸드백 제조업체에서 하나의 핸드백 모델을 1000개 만든다고 생각해보자. 그들은 1000개를 한 공장에서 만드는 경우가 없다. 재단만 하고 나서 제작은 수십 개의 공방에 나눠준다. 그러니 품질이 고를 수 없다. 그럼에도 'Made in Italy'라는 것 때문에 비싸게 팔고 있다.

하나를 잘 만들기는 쉬울 수 있지만 1000개의 제품을 균일한 품질을 유지하며 잘 만들기란 결코 쉬운 일이 아니다. 이는 시스템이 갖추어져 있지 않으면 힘든 일이다. 시몬느는 이런 시스템이 잘 정비돼 있어 아무리 많은 주문이 들어와도 모두 우수한 품질로 소화해 낸다. 그것이 시몬느가 세계 최고의 명품 핸드백 제조업체로 자리 잡을 수 있었던 가장 큰 비결이다.

뱃머리에 서서 항로를 읽어라

미래를 연구하는 미래학자들은 하나같이 "미래를 예측하는 가장 좋은 방법은 미래를 창출하는 것"이라고 말한다. 비즈니스에서 미래의 변화를 예측하고 그에 맞는 대응전략을 수립하는 것은 사업의 성패를 좌우할 만큼 중요한 일이다. 하지만 그보다 더 중요한 것은 스스로 변화를 주도하는 것이다.

지금으로부터 110여 년 전인 1900년대 초, "앞으로 자동차가 대중교통 수단이 될 것이다"라는 예측이 나오기 시작했다. 하지만 사람들은 그것이 현실화되려면 최소한 30년은 걸릴 것이라며 그다지 신경 쓰지 않았다. 심지어 비즈니스를 하는 사람들조차 아직은 먼 미래의 이야기라는 듯 관심을 두지 않았다. 그런데 "예측은 이미 일어난 사실이 아닌가?"라는 질문과 함께 자동차의 대중화에 관심을 두는 사람이 있었다. 당시 소규모 자동차 제조회사를 운영하던 윌리

엄 듀런트^{William Crapo Durant}라는 인물이 바로 그 주인공이다.

윌리엄 듀런트는 자동차가 대중교통 수단이 되는 것은 아직 본격적으로 현상이 드러나지 않았을 뿐, 이미 일어난 변화라고 판단했다. 즉, 남들이 30년 후로 예상하는 그 일이 바로 지금 일어나야 할 시기임을 깨달은 것이다. 이후 듀런트는 많은 소규모 자동차 생산회사들과 부품회사들을 합병해 대형 자동차회사를 만들었다. 그 회사가 바로 오늘날의 GM이다.

"곤충의 눈으로 주위를 보고, 새의 눈으로 멀리 보라"는 말이 있다. 현재의 상황과 현안들을 꼼꼼하게 지켜보되, 앞으로의 트렌드를 누구보다 빨리 예측할 수 있어야 한다는 뜻이다. 이미 기업들은 현재의 리스크나 트렌드를 파악하는 것 말고도 미래를 예측하기 위한 노력을 기울이고 있다. 영국 최대 통신업체인 브리티시텔레콤은 미래예측 전문가를 고용하여 급변하는 통신환경에 대처하고 있다. 브리티시텔레콤은 이언 피어슨^{Ian Pearson}이라는 미래학자를 채용했는데, 그는 소니가 '아이보'라는 인공 개로봇을 출시하기 전에 애완 로봇의 시대가 올 것이라는 예측을 이미 했다.

이렇듯 각 분야의 선구자들은 남들보다 일찍 예측하고, 그 예측을 기반으로 발 빠른 실행력을 자랑한다. 박은관 회장 역시 청산에서 해외영업을 담당하던 시절부터 유럽 봉제 산업의 변화를 예견하고 명품 제조 시장의 변화를 선도했다. 특히 유럽의 고가 럭셔리 핸드백 브랜드 시장에 도전장을 내밀면서 새로운 명품시장을 창조해냈다. 품질은 유지하고 가격은 낮춘 최초의 매스티지 브랜드로 성공을 거둔 리즈 클레이본을 이끈 인물이 바로 박은관 회장이다.

● 글로벌 시장을 읽어라

2007년에 《인터내셔널 헤럴드 트리뷴 럭셔리 비즈니스International Herald Tribune Luxury Business Conference》는 앞으로 럭셔리 시장의 중심지는 아시아가 될 것이라고 예고한 바 있다. 실제 일본을 제외한 아시아 시장이 글로벌 럭셔리 시장 매출의 4분의 1을 차지하면서 현재 가장 빠른 성장 속도를 보이고 있다. 지난 5년간 일본을 제외한 나머지 아시아 국가들의 럭셔리 유통시장 또한 세 배 이상 증가하는 등 아시아가 주요 유통시장으로 주목받고 있다. 특히 가장 활발한 성장률을 보이는 중국은 모든 럭셔리 유통 브랜드의 타깃마켓으로 꼽히고 있다.

글로벌 럭셔리 시장이 2010년부터 2015년까지 약 65%가량 더 성장할 것으로 예상되는 가운데 유럽 럭셔리 소비시장은 성장둔화를 보이고 있다. 유럽의 경제침체 장기화로 내국인의 명품소비가 줄어든 것이다. 반면 아시아 관광객들로부터의 럭셔리 제품 매출은 점점 늘어나고 있다.

미국 시장은 전년 대비 14% 정도 증가하면서 점차 회복세를 나타내고 있으며, 라틴아메리카에서는 브라질이 주목 시장으로 떠오르고 있다. 일본은 2011년에 발생한 예기치 않은 자연재해로 2015년까지는 미미한 성장을 보일 것으로 예상한다. 중동지역은 아시아 다음으로 빠르게 성장하는 시장이며 2015년까지 세 배 이상 커질 것으로 전망하고 있다. 명품 카테고리 중에서 하드 럭셔리와 액세서리 부문은 지난 4년 동안(2008~2011) 최고의 점유율을 기록해왔다. 주얼리와 가죽 피혁 제품이 가장 가파른 성장곡선을 나타냈으며, 이런 추세는 앞으로도 계속해서 이어질 것으로 보인다. 세계가 주목하는 중국시장 외 한국, 타이완, 인도시장에서도 새로운 소비 트렌드가 생겨나면서 높은 성장을 보이고 있다.

2013년 현재 전 세계 명품시장에서 핸드백이 차지하는 비중이 21% 정도 된다.

핸드백이 이 정도밖에 안 되느냐고 의문을 갖는 사람도 있겠지만, 성장세만큼은 단연 1위이다. 1990년대까지 액세서리 비중은 7%였고, 그 안에서 핸드백이 차지하는 비중은 50%에 지나지 않았다. 명품 전체 시장으로 보면 고작 3~4% 정도에 불과한 셈이었다. 즉, 지난 20년간 명품시장에서 가장 크게 성장한 품목은 핸드백이라고 말할 수 있다.

최근의 핸드백 시장을 들여다보면, 고가 브랜드의 성장보다 매스티지 브랜드의 성장이 훨씬 두드러진다는 사실을 알 수 있다. 1990년대까지만 해도 크게 두각을 드러내지 못했던 매스티지 브랜드들이 2000년대 들자마자 코치를 필두로 판매가 폭발적으로 성장했고, 2010년 이후에는 글로벌 핸드백 시장의 절반 가까이 차지해버렸다. 이런 현상은 2008년 미국에서 시작된 글로벌 경기침체가 지속되면서 더 두드러졌다. 이 매스티지 시장 확대의 수혜를 온몸으로 받은 게 바로 시몬느이다.

1990년대 중반 이후, 초고가를 지향하는 유럽의 명품 브랜드와 차별화되는 매스티지 시장에서 새로운 기회를 찾은 미국 브랜드들, 코치, 마크 제이콥스, 토리버치 등이 줄줄이 시몬느를 주거래 라인으로 선정했다. 고품질, 합리적인 가격을 추구하는 매스티지 브랜드의 정체성은 시몬느의 특성과 부합하는 측면이 크다.

한편, 매스티지 시장이 확대되면서 지방시, 버버리, 로에베 등 유럽의 명품 브랜드들도 다원화 전략을 펼치고 있다. 초고가 라인만 유럽에서 만들고 중저가 라인은 시몬느를 비롯해 아시아 제조공장에 맡기고 있다.

핸드백을 비롯한 명품시장은 확실히 글로벌 시장으로 확대되는 추세다. 유럽과 북미 중심의 명품시장이 아시아와 남미로까지 확장되고 있다. 또한 매스티지 브랜드의 급성장이라는 시장의 속성도 조금씩 바뀌고 있다. 이처럼 글로벌 시장의 변화를 제대로 읽느냐 읽지 못하느냐는 기업의 향후 진로에 중대한 영향을 끼칠 수밖에 없다. 이미 다국적 기업으로 글로벌 비즈니스를 전개하던 듀폰은 급변하는 글로벌 시장의 흐름을 읽고 유연한 조직으로의 개편을 시도했다. 정책 결정이 신속하게 이뤄질 수 있도록 현장 위주의 조직으로 통합하고 권한위양을 강화했다. 공룡이 발 빠른 초식동물의 습성을 갖춘 것이다.

글로벌 명품시장도 시장의 확대와 더불어 미묘한 변화의 흐름이 이어지고 있다. 이런 시장의 확대와 변화의 흐름이 시몬느에는 기회였다. 유럽 명품 브랜드들이 제일 먼저 찾은 아시아의 회사가 시몬느였기 때문이다. 기존의 미국 브랜드뿐만 아니라 유럽 브랜드까지 주문이 몰리면서 시몬느 입장에서는 계속해서 성장할 수 있는 구조가 만들어졌다.

● 스스로를 리드하는 자가 진정한 리더다

시몬느는 세계 명품 핸드백 제조회사 중 단연 최고의 지위에 있지만 그곳이 시몬느의 목표는 아니다. 시몬느의 최종 목적지는 글로벌 토털패션 브랜드 기업이다. 시몬느는 매스티지 시장의 대표 브랜드인 마이클 코어스 런칭 당시 제품기획부터 유통까지 거의 모든 과정에 참여했다. 지금도 많은 역할을 시몬느가 담당하고 있다. 시몬느가 마이클 코어스 런칭과 성장에 본격적으로 참여한 것은 장차 시몬느가 글로벌 패션기업으로 성장하는 데에 유통 경험이 필수라고 판단했기 때문이다.

이런 도전을 두고 주변에서는 "제조 기업이 다른 분야까지 손을 댔다가 그간 쌓아올린 명성이 한순간에 무너질 수도 있다"며 우려의 목소리를 내기도 했다. 그러나 시몬느의 꿈은 시작부터 단순 제조에만 머물러 있지 않았다. 제조는 물론이고, 브랜드 런칭에서 유통과 판매까지 모두 해내겠다는 것이 시몬느의 마스터플랜이었다.

기업의 확장이 문어발식이라면 분명 문제가 있다. 단지 자본력이 막강하다고 해서 전혀 관련이 없는 분야에 마구잡이로 진출하여 시장을 교란시키는 행위는 비난받아 마땅하다. 이보다 더 심각한 것은 이러한 확장이 오히려 기업의 경쟁력을 갉아먹고, 심지어 모기업의 생존마저 위협할 수 있다는 것이다.

'알렉산더 딜레마'라는 말이 있다. 알렉산더 대왕이 짧은 시간에 대제국을 건설했지만, 그가 죽자마자 제국은 세 개로 쪼개졌다. 그리고 급속한 몰락의 길에 들어섰다. 제국의 급속한 영토 확장이 오히려 제국의 안정성을 헤치는 바람에 급격하게 몰락했던 것이다. 이처럼 기업도 무분별한 확장을 꾀하면 생존 자체가 불투명해질 수 있다는 뜻이다. 따라서 기업은 자사의 핵심역량을 기반으로 확장하는 것이 가장 효과적이다.

시리얼 업체로 유명한 켈로그도 자사의 핵심역량을 확장하여 성공한 사례다. 켈로그는 애초에 소화기 환자의 대용식으로 시리얼을 만들었다. 그런데 이 시리얼이 먹기에 간편할 뿐만 아니라 소화도 잘 된다는 반응이 점차 퍼지자, 환자에서 일반 소비자까지 시장을 확장하여 글로벌 기업으로 우뚝 설 수 있었다. 시몬느도 자사의 역량이 단지 핸드백 제조뿐만 아니라 ODM 기업으로서의 패션 관련 역량을 갖췄다고 판단했기에 해당 분야의 유통업까지 진출을 꾀했던 것이다.

주위의 우려와 달리 시몬느는 마이클 코어스의 직접 유통에 참여해 성공적인 결과를 얻어내고 있다. 2006년 가을부터 국내 주요 백화점, 청담동과 명동의 단독 점포를 통해 유통 사업을 진행하고 있다. 시몬느의 마이클 코어스 1년 유통판매 매출이 420억 원(2013년)에 이르는데, 이는 웬만한 브랜드 1년 매출과 맞먹는다.

마이클 코어스 유통에 참여한 것은 미래를 위한 포석이었다. 글로벌 토털패션 브랜드 회사로 커 나가려면 마케팅 전문가가 필요하다. 그러나 제조만 하다 보니 마케팅 전문가는 부족했다. 향후 브랜드를 런칭하려고 해도 인력은 미리 만들어놓아야 한다. 시몬느는 마이클 코어스 유통에 참여하면서 많은 것을 얻고 있다. 시몬느의 패션 관련 핵심역량이 제조분야에서 유통과 마케팅까지 확장했으며 이런 프로세스는 일관성이 있었던 것이다. 이러한 역량의 확장은 새로운 비즈니스 기회의 창출로 이어질 것이다.

최근 시몬느는 이런 바탕 위에서 세계적인 브랜드인 레베카 밍코프Rebecca Minkoff와 DVFDiane Von Furstenberg의 국내 유통에도 진출했다.

세상은 크고 작은 변화 속에 발전해나간다. 많은 사람과 기업들이 이러한 변화에 수동적으로 대응하는 '순응'의 방식을 선택한다면 일부는 변화에 능동적으로 대처하는 적극적인 방식을 선택한다. 그리고 후자 중 일부는 변화를 스스로 창출하고 리드한다. 세상은 그들에 의해 움직인다.

비즈니스에서 새로운 시장의 창출은 기존의 시장에서 1위의 자리를 차지하는 것보다 더 의미가 있다. 이미 형성된 시장은 언제 무너질지 모른다는 불안감이 공존하지만 새롭게 만들어가는 시장은 언젠가는 부상할 것이라는 희망이 공존한다. 물론 새로운 시장 창출은 트렌드 등의 분석을 통한 발전 가능성이 전제되어야 한다. 그런 의미에서 본다면 시장은 현재나 너무 먼 미래를 주목하기보다 근미래를 주시해야 한다. 현재에 주목하면 늘 2등이자 '꼬리기업Tail Corporation'에 머물고 만다. 반면, 너무 먼 미래에 주목하면 실패의 위험이 그만큼 커진다.

외부의 변화에 적극적이고 능동적이기 위해서는 무엇보다도 내부의 변화에 더욱 힘써야 한다. 매스티지 시장 창출의 선두에 있었던 시몬느는 내부의 변화에도 적극적이다. 시장의 변화를 주도했던 만큼 변화된 시장에서 자신의 자리를 더욱 키워야 한다는 것을 잘 알기 때문이다. 많은 시간을 세계 명품 핸드백 제조회사로 탄탄하게 자리 잡는 데 집중했다면, 이제는 글로벌 토털패션 브랜드 기업이라는 목표를 향해 한 걸음 더 도약하려 한다. 이를 위해 시몬느는 마이클 코어스, 레베카 밍코프, DVF 유통 사업에 참여해 스스로 변화를 이끌고 있다. 스스로를 먼저 리드함으로써 시장의 진정한 리더가 될 수 있음을 잘 알기 때문이다.

SIMONE | 05 | STORY

실력이 힘을 만든다

최고의 영업은 유능한 영업사원의 현란한 말솜씨로 이루어지는 것이 아니다. 고객이 만족을 넘어 감동할 경지에 이르게 하는 '실력'이 곧 최고의 영업이다. 27년 전 시몬느의 박은관 회장은 핸드백 30개를 들고 무작정 도나 카란 뉴욕 컬렉션을 찾아가 "우리에게 일을 맡겨 달라!"고 했다. 하지만 이후로는 단 한 번도 일을 맡겨 달라는 부탁을 한 적이 없다. 시몬느의 제조 실력에 감탄한 브랜드 회사들이 그야말로 '알아서 찾아온' 것이다.

시몬느가 미국 최고의 명품 브랜드 도나 카란의 문을 연 지 27년이 지난 지금, 세계 굴지의 명품 브랜드 회사들이 시몬느에 의지하지 않으면 경영이 힘들 정도로 긴밀한 관계가 형성돼 있다. 시몬느에 일을 맡기면 제품의 완성도가 보장되고 납품기한이 지켜진다는 사실은 기본이다. 디자인 패키지만 주면, 시몬느에서 17만 개가 넘는 패턴과 27년간 차곡차곡 쌓아놓은 노하우로 기대 이상의 결과물을 내놓으니 럭셔리 브랜드 입장에서는 시몬느와 거래를 계속하지 않을 수 없다. 조금 비약해서 말하자면, 현재 시몬느와 관계를 맺고 있는 기업 중에 시몬느 없이는 제품을 생산해서 판매하는 게 불가능한 수준까지 이른 데가 많다.

이처럼 시몬느가 명품 핸드백 제조회사로서 독보적인 위치에 있게 된 것은 단연 실력 덕분이다. 그런데 제조업체의 실력이란 것이 단순히 제품을 잘 만들어낸다고 해서 인정받을 수 있는 것은 아니다. 앞서 말했듯이 완성도 있는 제품을 생산하는 것은 제조업체의 기본이다. 시몬느가 다른 명품 핸드백 제조사와 차별화되는 강점은 바로 '생산자 책임QA, Quality Assurance 시스템에 있다. 생산자 책임 시스템이란 바이어가 주문한 제품의 기획부터 제작, 검수, 선적까지 모든 공정을 생산자가 책임지고 공급해주는 방식이다. 즉, 시몬느는 한 브랜드가 세상에 나와 걸음마부터 단단히 땅에 발을 붙이기까지 모든 과정을 함께 한다. 물론 고객의 만족을 넘어 감동까지 이끌어낼 정도로 최선을 다해 최고의 실력을 내보인다. 맡겨두면 알아서 잘하는 회사이다. 그러니 브랜드 회사로선 상당 부분을 시몬느에 의지할 수밖에 없다.

패션 산업의 지형에서 하청업체의 지위에 불과해 보였던 시몬느의 위상은 이렇듯 차별화된 기업으로 바뀌었다. 시몬느가 다른 하청업체처럼 단지 제품을 납품하는 수준에서 벗어나지 못했더라면 이런 상황은 생기지 않았을 것이다. 시몬느는 글로벌 명품 브랜드 회사들 사이에서 대체 불가한 기업으로 파트너의 입지를 굳건히 다졌다.

아시아에서 명품 브랜드를 이런 방식으로 제공하는 회사는 시몬느뿐이다. 이는 시몬느가 단순 제조회사가 아닌 풀 서비스 컴퍼니로 불리는 이유이며, 많은 명품 브랜드 회사들이 시몬느를 믿고 의지하는 이유이다.

● 나만의 무기를 만들어라

만약 시몬느가 마이클 코어스나 DKNY에 생산을 중단한다고 말하면 그 브랜드의 미래는 어떻게 될까? 오랫동안 믿고 거래해온 서로의 관계를 감안하면 현실에서 일어날 수 없는 일이지만 굳이 가정을 해보자면, 이 브랜드들이 핸드백 판매를 중단할 수밖에 없는 상황이 벌어질 것이다. 특히 DKNY의 경우, 시몬느와의 거래가 끊긴다면 핸드백 파트는 아주 심각한 상황에 봉착할 수밖에 없다. 시몬느에서 27년 동안이나 이 회사의 핸드백을 만들어왔기 때문에 모든 자료가 시몬느에 있다. 시몬느와 거래하는 동안 CEO가 세 명이나 바뀌었고, 핸드백 부서 사장이 다섯 명이나 바뀌었으며 디자이너는 30~40명가량 바뀌었다. 사정이 이러하니 자신들이 판매하는 핸드백의 히스토리를 DKNY보다 오히려 시몬느가 더 잘 알고 있다. 스타일, 소재, 실적뿐만 아니라 비즈니스 자료, 퍼포먼스, DNA까지 모든 기록은 시몬느에서 가지고 있다. DKNY 본사에서 가진 것은 브랜드 이미지에 대한 것뿐이다.

시몬느에 의존도가 높기는 마이클 코어스도 마찬가지이다. 현재 마이클 코어스가 하나의 브랜드로 성공하는 데 결정적인 역할을 해준 게 시몬느라는 것은 자타가 공인하는 사실이다. 심지어 마이클 코어스 스스로도 그렇게 생각하고 있다. 마이클 코어스 브랜드를 런칭할 때 시몬느에서 오랜 경험을 바탕으로 기획 아이디어도 같이 넣어 주었다.

시몬느에 의존하는 부분이 많은 상황을 만든 것은 상대 입장에서 보면 매니지먼트가 취약하다기 보다는 그만큼 시몬느에 대한 신뢰와 시몬느의 핸드백 제조 실력이 뛰어나기 때문이다. 이는 그동안 핸드백 시장이 워낙 단시간에 급성장하다 보니 벌어진 현상이다. 물론 이제는 브랜드 회사에서도 이러한 문제를 인식하고 파일링 작업을 시작하고 있다. 그들 스스로 자신들의 스타일, 패턴, 옵티머스, 장식 등을 모으기 시작한 것이다. 그러나 이런 데이터베이스나 자료들이 짧은 시간에 가능한 것이 아니기 때문에 앞으로도 상당 기간 시몬느에 대한 브랜드 회사들의 의존도는 쉽게 낮아지기 어려울 것이다.

브랜드 회사가 시몬느에 의존한다는 것은 달면 삼키고 쓰면 뱉는 선택의 대상이 아니라는 말과도 같다. 즉, 시몬느를 그들의 성장과 성공에 상당 부분 기여한 동반자로 인정한다는 의미이다.

실력이 힘을 만든다. 그리고 그 힘은 기존의 관계 구도를 바꾸어 놓기도 한다. 흔히들 유명 브랜드 회사의 제조회사라고 하면 하청회사로 여기곤 한다. 사실상 현실이 그러하기도 하다. 브랜드사는 언제든 자신의 마음에 들지 않으면 제조사를 바꿀 수 있다. 고만고만한 실력의 제조사는 찾기 쉽기 때문이다. 이러한 갑을 관계의 구도를 깰 수 있는 것이 바로 실력이다. 그 누구도 따라올 수 없는 월등한 실력을 갖춘 제조사라면 브랜드 회사의 입장에서도 함부로 할 수 없다. 오히려 그를 모시기 위해, 놓치지 않기 위해 정성을 기울일 수밖에 없다. 제조 부분을 담당해주는 사업적 파트너로서 상대를 인정하게 되는 것이다.

시몬느 역시 실력 덕분에 브랜드 회사와 수평적인 관계를 유지하고 있다. 시몬느의 브랜드 회사 바이어들이 가장 많이 쓰는 단어가 '공동지혜Collective Wisdom', '협업동반자Collaborations Partnerships'인데, 브랜드 회사에서 이런 반응이 나오는 것은 그들이 시몬느와 동반자적인, 수평적인, 협업적인 파트너 관계로 일하고 있기 때문이다.

'공동지혜', 혹은 '집단지성Collective Intelligence'은 이미 여러 분야에서 그 효과가 검증됐다. 240년의 유구한 역사를 가진 사전의 대명사 〈브리태니커 백과사전Encyclopaedia Britannica〉의 정보량을 불과 몇 년 만에 가뿐이 제친 위키피디아Wikipedia는 정확도마저도 브리태니커와 유사하다고 한다. IBM은 '이노베이션 잼Innovation Jam'이라는 집단지성 활용 시스템을 아예 사내에 구축했다. 회사 직원들뿐만 아니라 협력 파트너까지도 이 시스템을 통해 다양한 아이디어를 제출하고 토론하는데, 실제로 채택된 아이디어는 임원회의를 거쳐 프로젝트로 추진된다. 그렇게 해서 '스마트 헬스케어'와 같은 혁신적인 서비스가 실현될 수 있었다.

명품 브랜드 회사들의 입장에서는 다루기 어려운 하청업체가 아니라, 믿고 함께 미래를 도모할 수 있는 파트너가 바로 시몬느이다. 명품 브랜드 회사와 시몬느 간의 공동지혜는 다음과 같이 이루어진다. 브랜드 회사에서 그들의 정체성과 포지셔닝, 마케팅을 담당하고 시몬느 같은 제조사에서는 자신들의 소재와 디자인 개발 능력, 제조능력의 경험과 지혜를 모아서 작업을 해준다는 의미이다. 협업동반자인 셈이다. 마이클 코어스와의 관계를 예로 들자면, 마이클 코어스는 자신들의 브랜드 정체성, 포지셔닝, 마케팅, 소싱과 디자인 작업을 한다. 그리고 시몬느는 하드웨어만 있는 공장이 아니라 소재, 디자인 개발 능력, 제조, 품질관리 등 소프트웨어 부분도 함께 담당해주는 파트너 역할을 한다.

시몬느의 이러한 능력에 대해 단순히 일을 열심히 하는 회사로만 평가할 수는 없다. 실제로 시몬느에 대한 브랜드 회사들의 평가는 그 이상이다. 마이클 코어스에서는 시몬느가 가지고 있는 경험을 '문화'라고까지 표현하며 칭송한다. 즉, 공장이나 제조기술이라는 하드웨어뿐만 아니라 상상력, 창의력과 같은 소프트웨어도 함께 갖추고 있는 회사임을 인정하는 것이다.

● 브랜드 간 정보 보안과 독점성을 사수하라

박은관 회장은 언론과 인터뷰 중에 '클라이언트들을 감동시킨 사례'에 관한 질문을 종종 받는다. 납품기한을 잘 지켜냈다든지, 특별한 선물을 해주었다든지, 잊을 수 없는 여행을 함께 갔다는 식의 감성적인 사례를 듣고 싶어 하는 것이다. 그러나 박은관 회장은 이런 질문에 대답하기가 참 곤란하다. 그 질문 안에는 이미 시몬느가 브랜드 회사의 하청업체, 즉 을의 입장에서 갑을 감동시켜야 한다는 전제가 묻어 있기 때문이다. 시몬느는 제조회사이긴 하지만 브랜드 회사와의 관계가 수평적이다. 특별히 상대를 감동시켜야 할 이유가 없다.

실제로 박은관 회장과 해외 핸드백 시장의 중요인사들은 그냥 친구 같은 사이로 지내고 있다. 서로 '너는 뉴욕에 살고 나는 서울에 있고', '너는 물건을 팔고 나는 만들고', 즉 서로 다른 곳에 살면서 서로 다른 역할의 일을 하는 정도로 생각하는 것이다.

브랜드 회사와 대등한 관계에서 일할 수 있는 수평적인 파트너십은 노력 없이 이루어지지 않는다. 앞서 말했듯 거래처와 대등한 관계를 설정하려면 스스로 힘을 갖추어야 한다. 그 누구도 따라올 수 없는 월등한 실력을 갖춰야 한다. 시몬느 역시 풀 서비스 컴퍼니로 성장하며 스스로 힘을 키우다 보니 브랜드 회사에서도 좌지우지할 수가 없게 된 것이다.

실력으로 힘을 만들었다면 그 실력을 기반으로 오랫동안 거래를 유지하는 '시간'의 힘도 보태야 한다. 실제로 시몬느의 박은관 회장은 브랜드 회사 관계자들과 오랜 세월 동안 인연을 이어오고 있다. 예를 들면, 상대가 부사장일 때 박은관 회장은 청산의 영업담당자였고 박은관 회장이 창업했을 때 상대도 CEO가 되는 식이다. 서로 비슷하게 성장해서 누구든 아래로 볼 수 있는 관계가 아니다. 즉, 이미 박은관 회장이나 브랜드 회사 담당자나 서로 업계에서 중요한 결정을 내릴 위치에 있다. 그리고 무엇보다도 오랜 시간 같은 업종에서 많은 것을 공유하며 함께 성장해온 상대에 대한 인정과 존중의 의미도 크다. 실제로 박은관 회장이 청산에서 일한 7년 동안 알고 지낸 버버리의 로즈마리 브라보 Rose Marie Bravo 사장 등의 업계 담당자들은 지금은 최고 결정권을 가진 위치에서 많은 도움을 주고받고 있다. 다른 경쟁업체들에는 어려운 문제들이 전화 한 통화로도 간단히 해결할 수 있는 관계가 많이 이루어져 있다.

한편, 진정한 파트너십이 형성되기 위해서는 브랜드 간 정보보안과 독점성을 지켜주는 일도 아주 중요하다. 제아무리 오랜 시간 인연을 맺어온 담당자들이 많다고 해도 30개 가까운 명품 브랜드 회사와 지속적으로 파트너 관계를 유지하는 것은 쉬운 일이 아니다. 웬만한 시스템으로는 관리 자체가 불가능하다.

동종업계에서 서로 경쟁 관계인 브랜드들이 시몬느에 제작을 맡기고 비슷한 시기에 신제품을 발표한다. 만약 A사가 야심 차게 기획한 제품과 거의 유사한 제품이 다른 회사 이름으로도 발표된다면 그야말로 사건이 터지는 것이다. 시몬느가 의심을 받을 수밖에 없다. 그래서 시몬느는 거래처의 보안을 목숨과도 같이 중요하게 지킨다.

살벌한 비즈니스 세계에서 시몬느의 이러한 독특한 위상은 쉽게 찾아볼 수 없다. 서로 경쟁하는 명품 브랜드들이 시몬느라는 한 회사에 제작을 맡긴다고 했을 때, 누구라도 보안의 문제를 걱정할 수밖에 없다. 그러나 시몬느는 철저한 보안관리로 지난 27년 동안 브랜드 간 '교통사고'를 단 한 번도 낸 적이 없다. 덕분에 브랜드 회사들은 안전하게 신제품을 출시하고, 시몬느에 대한 신뢰 또한 더 두터워졌다. 초창기부터 27년간 거래하고 있는 DKNY, 17년 된 마크 제이콥스, 15년 된 코치, 올해로 11년째인 마이클 코어스 등의 존재가 시몬느에 대한 신뢰를 대신 이야기해준다.

SIMONE | 06 | STORY

마음을 열어야 생각이 열린다

━━━━━━ 한 명의 뛰어난 인재가 조직 전체를 먹여 살린 다고는 하지만 그런 인재를 발견하기도 쉽지 않을뿐더러 발견한다손 치더라도 그를 영입하는 것도 만만치 않은 일이다. 게다가 설령 그를 영입하는 데 성공했다고 하더라도 한 명의 뛰어난 인재에 의해 좌지 우지되는 조직은 안정적이고 지속적인 성장을 보장받지 못한다.

인재 발굴 못지않게 중요한 게 '인재 육성'이다. 기업은 시몬느처럼 창업 과정에서는 이른바 '소수 정예'의 인재를 확보해서 의욕에 찬 출발을 할 수 있다. 그렇지만 점차 기업의 규모가 커지면 채용인원의 규모도 커질뿐더러 보석 같은 존재만을 선발할 수는 없다. 채용 과정에서 그리 두각을 나타내지 않더라도 무난한 범재凡才를 뽑는 경우도 많은 것이다. 창의적인 인물을 찾는 것은 유비의 삼고초려三顧草廬와도 같은 험난한 과정일 수 있다. 이런 이유로 외부의 인재를 구하

CHAPTER 03. 순항의 비법은 따로 있다 **193**

는 노력과 더불어 내부의 인재 육성에 노력을 기울여야만 한다.

스탠퍼드 대학의 로버트 서튼 교수는 "지속적인 혁신은 한 명의 천재를 통해 이루어지는 것이 아니고, 구성원들이 새로운 아이디어를 생산하고 이를 과감히 실천하는 기반이 있어야 진정한 창의적 조직으로 거듭날 수 있다"고 했다. 조직의 발전과 성공을 위해 특급 인재를 모시려고 빌 게이츠처럼 전용기를 띄우는 것도 좋겠지만 그보다 더 우선할 것은 더 많은 조직원이 창의적 인재로 성장할 수 있도록 조직적 기반을 마련해주는 것이다.

시몬느의 박은관 회장이 직원들에게 가장 많이 하는 말은 '창의적인 발상', '새로운 가치', '참여 속의 변화'이다. 핸드백 시즌은 1년에 네 번 있고, 소재나 디자인은 그때마다 바뀐다. 두 시즌만 쉬면 흐름을 아예 놓친다는 게 업계의 속설이다. 그래서 핸드백 사업 종사자들은 늘 자신을 창의적으로 업데이트해야 트렌드를 따라갈 수 있다.

창의성은 자율을 바탕으로 하지 않으면 만들어질 수 없다. 박은관 회장은 직원들의 자율성을 최대한 보장하려고 노력한다. 박은관 회장 스스로가 청년 시절 청산에 근무하는 조건으로 '자율적인 옷차림'을 강조한 것만 보더라도 그가 얼마나 자율성을 중요하게 생각하는 사람인지 잘 알 수 있다.

시몬느는 패션 전공자들이 가장 근무하고 싶어 하는 회사로 유명한데, 디자이너 공채 공고를 내면 경쟁률이 30대 1을 넘어선다. 개성이 강하기로 유명한 디자이너들에게 시몬느를 선호하는 이유를 물어보면 "규제보다 자율성을 중요하게 여기는 회사 분위기 때문"이라고 말한다.

● 20대에서 60대까지 친구로 지내는 회사

"좋은 사람들이 모여서 행복하게 일하면 창의성이 깨어난다."

박은관 회장이 사훈처럼 직원들에게 종종 하는 이야기이다. 이하나의 문장에 시몬느가 추구하는 기업상이 모두 들어가 있다. 경영자에는 여러 유형이 있고, 경영자마다 중요하게 생각하는 것도 모두 다르다. 박은관 회장은 무엇보다도 사람을 가장 중요하게 생각한다. 창의적 발상도 혁신적 아이디어도, 진취적 도전도 모두 사람에게서 나오기 때문이다. 특히 핸드백을 비롯한 패션 분야는 사람이 직접 결과물을 만들어내는 산업이다. 산업구분에서는 제조업으로 분류되지만, 설비투자는 많지 않고 사람이 하는 일이 많다. 그래서 사람이 중요하다.

"핸드백에 열정과 끼를 가진 사람들이 모여 자기 방식대로 자유롭게 뛰어놀며 보람과 성취를 느낄 수 있는 마당을 만들어보고 싶다."

연 매출이 6억 달러를 훌쩍 넘고 매년 부쩍부쩍 성장하는 기업이지만, 박은관 회장이 생각하는 회사는 거대하고 거창한 곳이 아니다. 직원들이 자유롭게 일하는 공간으로 만들고 싶을 뿐이다. 자유롭게 일하며 자신의 능력을 마음껏 발휘하는 것, 어쩌면 너무나 당연하고 평범한 바람이지만 현실이 그러하지 못하기에 그것을 실현해낸 시몬느가 더 이상적으로 보이는 것일지도 모른다.

시몬느에서는 직원들이 일하면서 자유로운 일상을 가질 수 있다. 그뿐만 아니다. 지위고하와 상관없이 수평적인 관계 맺기가 가능하다. 20대부터 60대까지 모두가 친구가 되어 인간 대 인간으로 만난다. 기업 문화가 이렇게 만들어진 데에는 박은관 회장 개인의 성향 탓이 크다. 그는 스스로 자유로운 영혼의 소유자라고 생각하며, 시몬느에서 함께 일하는 직원들 역시 자유로운 영혼의 소유자이길 바란다. 틀에 박힌 고정관념에서 벗어나 지나간 과거에서 미래를 창출하고, 서양에서 동양을 만날 수 있으며, 가장 서민적인 것에서 최고로 럭셔리한 요소를 찾아낼 수 있는 열린 영혼이길 원한다.

실제로 시몬느 직원들은 회사에서 마치 캠퍼스의 대학생처럼 일한다. 언제 어디서나 자유롭게 토론하고 자신 있게 생각과 의견을 말한다. 상하관계가 있긴 하지만, 명령과 복종의 관계는 아니다. 누구든지 자기 생각을 이야기할 수 있다. 이처럼 나이나 지위 등 흔히 말하는 계급장을 떼어버리고 나니 말 그대로, 신명 나게 일할 수 있게 되었다. 덕분에 시몬느 직원들은 열심히 일한다. 누가 시킨 것도 아닌데 정말 열심히 일한다.

박은관 회장의 '사람 중심 리더십'은 양면성을 가지고 있다. 그는 직원들이 자유롭고 편안하게 일하는 분위기를 지향하지만, 이런 회사 분위기가 잘 이루어지려면 기본적으로 직원들이 업무에 대한 집중도를 가져야 한다. 그렇지 않으면 회사도 발전이 없을 뿐더러 직원들 스스로도 힘들다. 그래서 시몬느에서 가장 일하기 어려운 사람은 업무 집중도가 떨어지는 사람이다.

이런 점을 방지하기 위해 박은관 회장은 직원들을 사적으로는 가족처럼 대하지만, 업무적으로는 긴장감을 주며 다소 엄하게 대하는 편이다. 자율성은 최대한 보장하되 시몬느 구성원으로서의 본분을 절대 잊지 말라는 의미이다.

한번은 이런 일이 있었다. 박은관 회장이 한 직원에게 특정 장식을 보여주며 서울 시내를 다 뒤져서라도 그것을 반드시 찾아오라고 지시를 내렸다. 그런데 그 직원은 세 시간이 지난 후에 회사로 돌아와서 서울 안에는 그 장식이 없다며 단언했다.

사실 박은관 회장은 어느 도매상에 가면 그 장식을 찾을 수 있다는 것을 이미 알고 있었다. 그것을 미리 가르쳐주지 않은 것은 그 직원의 열정과 책임감을 테스트해보고 싶은 마음이 컸기 때문이다. 박은관 회장은 다시 지시를 내렸다.

"이틀을 줄 테니까 반드시 찾아오세요." 최후통첩이었다. 그런데 이틀 후에도 그 직원은 장식을 찾기는커녕 처음과 똑같이 "서울에 없다"라고 대답했다. 그 말에 박은관 회장은 화를 낼 수밖에 없었다.

"앞으로 보고할 때는 서울에 없다고 하지 말고 오늘 나간 곳에서는 못 찾았다고 말하세요. 서울 안에 분명히 있으니 하는 이야기입니다."

이렇게 혼을 내서 내보냈더니 그 직원은 이내 그 장식을 찾아가지고 왔다.

27년 동안 박은관 회장이 직원에게 화를 낸 건 이 정도가 전부다. 그마저도 나중에 혼자 미안해져서 그 직원에게 지금 하는 업무가 적성에 맞는지를 물었다. 사람의 문제라고 단정 짓기 이전에 그 사람과 업무가 맞는지부터 살펴야 함을 잘 알기 때문이다. 결국 상담 끝에 그 직원과 해당 업무가 잘 맞지 않다는 것을 알고 다른 곳으로 부서를 이동시켜주었다.

시몬느가 만들어진 1987년은 권위적인 시대였다. 기업도 마찬가지여서 인사권이나 회계 등 중요한 결정이 오너 한 사람의 판단으로 이루어지는 경우가 많았다. 이런 시대를 거쳐온 사람이지만 박은관 회장은 지난 27년 동안 한 명의 직원도 해고한 적이 없다. 그가 직원에게 가장 심하게 한 경우는 기껏해야 위의 사례처럼 직원을 야단친 정도가 전부며 그마저도 몇 번 되지 않는다. 그만큼 박은관 회장은 사람이 귀한 존재임을 잘 안다.

● 보이지 않는 힘은 사람에게 있다

덴마크 어느 맥주회사의 기념관에는 160점이나 되는 초상화가 전시되어 있다. 흔히들 역대 사장이나 주요 임원들의 초상화가 아닐까 생각하기 쉽지만 놀랍게도 초상화의 주인공들은 14세에 입사해 65세 정년이 될 때까지 50년이라는 긴 세월을 한 회사를 위해 일한 근속자들이다.

50년이라는 긴 세월을 한 회사만을 위해 일한다는 것은 결코 쉬운 일이 아니다. 모든 인간관계가 그러하듯 어느 한 쪽의 일방적인 헌신과 애정만으로는 오랫동안 관계가 지속되기 힘들다. 회사를 위해 헌신하는 직원들의 마음 못지않게 직원들을 위해 헌신하는 리더의 마음도 중요하다. 특히 이 마음이 오랫동안 일관되게 이어지기 위해서는 직원을 피고용인이 아닌 '가족'으로 생각해야 가능하다.

기업의 오너와 직원은 계약 관계이지만, 실제로 한 공간에서 함께 생활하다 보면 계약서 한 장에 적힌 내용으로 설명할 수 없는 관계가 이루어진다. 그 관계가 잘 설정되어야 회사가 발전한다. 오너와 직원 간의 가장 좋은 관계는 원활한 소통이 이루어지는 관계인데, 소통할 수 있는 가장 좋은 방법은 진정성이다.

직원들은 기본적으로 회사에 바라는 것이 많다. 그러나 이 세상 그 어떤 회사도 직원들의 요구를 모두 받아줄 수는 없다. 현실적인 한계가 있기 때문이다. 그렇다고 직원들의 요구를 무조건 무시해서도 안 된다. 적어도 회사가 직원들을 위해 열심히 노력하고 있다는 것을 보여주어야 한다. 이런 과정이 진정성 있는 소통을 하는 과정이다.

어찌 보면 직원을 생각하는 일은 부모를 모시는 일과 많이 닮았다. 많은 사람이 성공한 이후에 효도하려고 하지만, 성공한 이후에는 부모가 너무 연로해졌거나 세상에 없는 경우가 많다. 평소에 작은 기쁨이라도 주는 게 중요하다. 직원을 대하는 일도 비슷하다. 회사가 커진 이후에 한꺼번에 혜택을 주는 것은 현실에서 이루기 어렵고 효과도 크지 않다. 작은 것이라도 감동을 주면 직원들은 감사히 받는다. 이게 성공적인 경영이다.

박은관 회장이 경영에서 소중하게 생각하는 것은 직원과의 편안한 소통이다. 실제로도 그는 나이와 직급 상관없이 매 순간 직원들과 대화를 즐긴다. 그가 회사 행사 중 가장 좋아하는 것은 전 직원과 함께 떠나는 워크숍이다. 그 자리에 가면 회장이든 말단 사원이든 간에 무조건 직급부터 내려놓는다. 그래야지만 허심탄회한 대화를 나눌 수 있기 때문이다.

앞서 말했듯 시몬느는 설립 이후 단 한 차례도 직원을 해고한 적이 없다. 그것은 그만큼 직원을 가족처럼 생각한다는 의미이기도 하다. 가족은 아무리 실망스러운 일이 있어도 서로 깨우쳐주며 함께 나아가야 할 대상이지 아무 곳에나 버려두고 올 수 있는 대상이 아니다. 또 마음에 드는 사람에겐 잘하고 마음에 들지 않는 사람에겐 함부로 할 수 있는 대상도 아니다. 조금 부족하여 내 마음에 흡족하지 않은 사람조차 격려하고 배려하며 함께 나아가야 할 대상이 가족이다.

시몬느가 직원들과 오랫동안 인연을 이어가는 비법 중 하나로 '배려'를 꼽을 수 있다. 박은관 회장은 직원들을 대할 때나 다른 지인들을 만날 때 배려심을 최대한 발휘한다. 문제가 발생했거나 업무에 지장을 초래했을 때조차도 먼저 상대방 입장에서 이해하려고 노력한다. "시간적인 제약이나 공간적인 제약이 있어서 그러겠지", "내가 그 사람에 대해서 100% 알 수는 없지"와 같이 역지사지易地思之의 마음을 먼저 품어보는 것이다. 그는 실제로 그런 마음으로 사람을 만나면 인간관계가 많이 좋아진다고 한다.

이처럼 직원을 배려하는 마음이 깊고 가족처럼 생각하는 시몬느이다 보니 입사를 지원하는 사람들이 많다. 게다가 평균 근속연수 또한 경쟁사보다 두 배 이상 길다. 직원을 가족처럼 생각하는 오너의 배려도 마음에 안정을 주지만 무엇보다도 현실적인 측면에서 직원들에 대한 처우도 좋기 때문이다.

시몬느의 직원들은 오전 8시 30분에 출근해 오후 7시까지 일한다. 오전 9시부터 오후 6시까지 일하는 여느 회사보다 1시간 30분 더 일하는 셈이다. 하지만 시몬느는 일한 만큼 보상이 돌아온다. 즉,

시몬느가 업계에서 잘 나가는 만큼 직원들의 급여 수준도 높다. 시몬느 직원들의 급여는 동종업계 다른 기업보다 평균 20% 이상 높다. 연말 특별상여와 인센티브 제도도 잘 만들어져 있다. 개인과 소속 부서의 성과에 따라 적게는 200%에서 많게는 1000%까지 보너스를 받을 수 있다. 보너스를 못 받는 직원은 한 명도 없다. 박은관 회장만의 인사 철칙은 누구든지 열심히 일해 성과를 낸 만큼 보답받을 수 있다는 생각을 직원들에게 심어주는 것이다. 지난 27년 동안 단 한 번도 흑자가 아닌 적이 없었으니 인센티브는 앞으로도 계속 존재한다고 봐야 한다.

물론 충분한 보상만으로 뛰어난 성과를 이끌어낼 수는 없다. 훌륭한 성과가 나오기 위해서는 근무 환경을 비롯하여 조직의 분위기, 비전 등이 이를 충분히 뒷받침해주어야 하며 심지어 기대만큼 성과가 나오지 못했을 때도 격려하고 응원하는 문화가 형성되어 있어야 한다. 박은관 회장은 성과에 급급해 일방적으로 업무를 추진하는 전통적인 경영자들과 달리 좋은 성과가 나올 수 있는 환경과 조건을 먼저 제공해준다. 그뿐만 아니다. 제조업체이다 보니 시몬느도 불경기의 영향을 받을 때가 있다. 하지만 박은관 회장은 불경기에 임금을 낮추기보다는 오히려 보너스를 준비해 직원들의 사기가 떨어지지 않게 하고, 실적이 좋지 않은 개인과 부서에는 질책보다 더 많은 기회를 주어 만회할 수 있도록 지원해준다. 불경기는 시간이 지나면 극복될 테지만 직원들은 끝까지 함께 가야 할 가족이므로 경기와는 상관없이 늘 잘 대해주어야 하며, 그들의 사기를 진작시키는 것이 곧 회사의 성과를 이끌어내는 것임을 알기 때문이다. 이처럼 27년의 세월이 흐르는 동안 변함없이 최고의 대우로 인재를 모시고, 감동으로 대접한 덕분에 그들은 지금도 여전히 시몬느와 손을 잡고 함께 나아가고 있다.

박은관 회장이 세운 기준은 모두 인문학적인 철학을 바탕으로 한다. 핸드백 제조는 사람이 끌어가야 하는 산업이라는 이해가 바탕에 깔려 있기 때문이다. 그래서 그는 직원을 볼 때도 겉으로 드러난 스펙이나 능력보다는 인간의 '관계'에 더 중심을 둔다. 신입사원을 뽑을 때도 마찬가지다. 디자이너의 경우, 30대 1이라는 엄청난 경쟁률을 보이지만 정작 그가 중요하게 생각하는 것은 스펙이 아닌 '좋은 기운'이다.

박은관 회장은 아무리 바빠도 신입직원 면접은 본인이 직접 참가한다. 그리고 사람을 선발하는 나름의 기준을 가지고 있다. 상대에게서 뿜어져 나오는 기운을 먼저 본다. 말을 크게 한다고 생기는 그런 에너지가 아니라, 좋은 기운을 느끼게 하는 사람에게 높은 점수를 준다. 느낌이 좋은 사람을 선택하면 열에 일곱은 맞는다는 게 박은관 회장의 설명이다.

박은관 회장은 종종 '보이지 않는 것'에 대한 이야기를 한다. 자신이 성공한 것도 보이지 않는 힘의 도움을 받았고, 직원들을 뽑을 때도 이력서에 적힌 스펙보다 '좋은 기운'으로 판단한 것이 꽤 성공적이었다는 것이다. 면접에서 기운을 먼저 보는 이유는 짧은 시간에 상대에 대해 다 아는 것은 어차피 불가능하기 때문이다. 그런 이유로 시몬느의 신입사원 선발기준은 '좋은 기운' 외엔 특별한 것이 없다. 해외 업무가 많은 탓에 어학 능력만 있으면 된다. 전공도 상관없다.

● 모두가 인재가 되는 회사 ————————————

21세기 최고의 경쟁력을 들라면 단연 '창의력'이다. 박은관 회장이 직원들의 자율성을 최대한 보장하는 것 역시 개개인에게 내재된 창의력을 발현시키기 위해서다. 패션 관련 기업은 창의성과 감성이 매우 중요하다. 구성원들의 창의성과 감성의 발현을 극대화할 수 있도록 하는 것은 곧 기업 경쟁력과 직결된다.

창의력을 키우기 위해선 자율성과 함께 오감을 여는 다양한 자극과 경험들이 중요하다. 보고 듣고 느끼는 다양한 경험들을 통해 창의적인 아이디어가 떠오를 수 있기 때문이다. 박은관 회장이 핸드백이라는 생소한 분야에서 창의성을 발휘할 수 있었던 것 역시 어린 시절 아버지와 함께 대양을 누비며 몸으로 직접 체험한 영향이 크다. 그뿐만 아니다. 청산 근무 시절 유럽의 여러 나라를 다니며 패션을 보고 느끼고 자극을 받은 것은 박은관 회장의 창의적 사고력을 성장시키는 데 큰 자양분이 되었다. 우물 밖의 세상을 직접 경험한다는 것은 우물 안에 갇혀 온갖 상상을 하는 것보다 훨씬 더 큰 자극이 될 수 있다.

시몬느는 해외 업무가 많은 회사이다. 거래하는 회사가 모두 해외 브랜드이고 핸드백을 제작하는 공장이 중국, 인도네시아, 베트남에 있으니 당연한 일이다. 그러다 보니 본사 직원들은 미국이나 유럽, 동남아 등지 출장이 잦다. 시몬느의 직원 채용 자격 중에 영어구사 능력을 가장 우선시하는 것도 그 때문이다.

박은관 회장은 굳이 업무 때문이 아니더라도 일부러 직원들을 해외로 출장을 많이 나가게 한다. 게다가 해외영업 담당에 국한하지 않고 모든 사원에게 골고루 해외시장을 체험할 기회를 준다. 해외 출장은 이제껏 고생했으니 편히 쉬다 오라는 포상이 아니다. 그것은 '자기 발을 남의 신발에 넣고 신어보는 지혜가 필요하다'는 박은관 회장 경영철학의 실천이다. 즉 사장, 임원, 중간 관리자, 하위 직원들 모두 미국, 유럽 등 시몬느가 제조한 가방이 수출되는 나라에 직접 방문해 바이어들의 시각에서 생각해보며 함께 호흡해야 한다는 의미이다. 그리고 직원 개개인이 만든 제품이 해외시장에서 인정받는 것을 보며 자부심을 느끼고, 잘못된 것은 직접 보고 수정해보라는 자유로움 속에 존재하는 숙제이다.

또한 박은관 회장은 해외출장만큼 자신이 하는 일에 대한 동기부여가 확실히 되는 업무도 없다고 생각한다. 더군다나 박은관 회장 스스로도 청산 근무 시절에 해외출장 업무를 맡으면서 스스로 성장했다. 해외에 나가는 것은 자기 제품의 품질을 확인하는 과정만이 아니다. 실제 시장을 눈으로 보면서 식견을 넓히는 과정이다. 패션의 본고장을 직접 눈으로 확인하고 그들의 분위기를 체험하고 오는 것도 큰 도움이 된다. 또한 해외 현지의 백화점에 가서 경쟁사의 제품을 보고, 자기 제품과 비교해서 부족한 부분이 무엇인지 찾아내고, 본사에 들어와서 리포트를 써내는 과정이 바로 회사의 경쟁력이다. 움직이지 않고 머물러 있으면 기업은 도태된다.

모든 직원에게 해외경험 교육을 하니 그 교육비도 만만치 않다. 시몬느는 200명 정도의 직원들 해외출장으로만 1년에 10억 원 이상을 쓴다. 2011년도 시몬느의 교육 및 복리후생 비용만 약 80억 원 정도로, 직원 1인당 약 3700만 원 정도 투자한 것으로 나타났다. 27년간 흑자회사로 고공 행진을 하고 있으니 그다지 부담되지는 않을 것이라 짐작하지만, 직원들 교육비치고는 엄청나게 큰돈임엔 분명하다.

사실 박은관 회장이 직원들의 해외경험이나 교육비로 이런 큰돈을 투자하는 데는 나름의 계산과 이유가 있다. 우선 이러한 경험과 교육을 통해 생산 사고율과 제품 불량률을 줄일 수 있다는 판단에서다. 장기적으로 보면 이익인 셈이다. 실제로 매 생산에서 사고율을 5%만 줄여도 총 교육비의 두세 배 정도가 더 이익이다. 물론 계산기상으로 드러나는 이익보다 더 큰 이익도 있다. 바로 직원들의 능력 향상이다. 이것이 바로 박 회장이 자재 개발실부터 생산라인까지 직급을 따지지 않고 부지런히 직원들을 교육하며 해외로 내보내는 특별한 이유다.

직원의 입장에서 보자면, 본사의 파견인력으로 해외에서 생활하는 것은 심신이 피곤한 일일 수 있다. 하지만 이는 본인의 인생에서는 분명히 자극받는 기회이다. 경영하는 입장에서는 직원들이 스스로 책임감도 키우고 회사에 대한 소속감도 느끼게 되어서 좋다. 시몬느는 본사 직원들을 가능한 한 자주 해외 공장에 파견해서 이런 성과들을 거두고 있다.

다양한 체험을 통해 창의적 사고를 키우고 업무능력을 성장시키는 것은 비단 해외 업무에만 국한되지 않는다. 시몬느는 회사 내 업무에서도 이러한 능력을 최대한 성장시키기 위해 애쓴다. 그중 대표적인 것인 로테이션 근무이다. 시몬느에 입사하면 한 부서에 머물러 있지 않고 로테이션 근무를 하게 된다. 일반사원으로 입사해도 전문영역이라 할 수 있는 디자인 분야까지 다 경험할 수 있다. 그렇게 3년 정도 근무하면 핸드백을 생산하는 전 업무를 꿰뚫게 되고, 베테랑 스타일리스트가 되는 데까지는 5~10년이면 충분하다.

SIMONE | 07 | STORY

꿈을 실현하는 공간은 따로 있다

꿈은 그것을 눈으로 볼 수 있을 때 실현 가능성
이 더욱 높아진다고 한다. 그래서 혹자는 자신의 꿈을 시각화한 사
진이나 글귀를 늘 볼 수 있는 곳에 두기도 한다. 하루에 몇 번씩 그
것을 보며 꿈에 대한 실현 욕구를 키우기 위해서다.

기업을 이끄는 리더의 꿈은 당연히 그 기업을 업계 최고로 만드는
것일 테다. 하지만 이러한 꿈은 혼자의 바람이나 노력으로는 결코
이룰 수 없다. 기업 구성원 모두가 자신이 속한 조직을 최고로 만들
겠다는 하나 된 마음일 때라야 비로소 그 꿈을 이룰 수 있다. 구성
원들의 마음을 하나로 모을 수 있는 것이 바로 기업의 비전이다. 하
지만 눈으로 볼 수도 만질 수도 없는 비전은 모래 위에 쌓은 성처럼
언제 무너져버릴지 모른다. 그래서 필요한 것이 구성원 개개인의 노
력과 성과에 대한 인정과 대우이다. 칭찬과 격려, 월급 인상이나 승

진, 인센티브 등이 여기에 해당한다.

이처럼 조직은 조직원의 열정과 성과를 이끌어내기 위해 여러 방법으로 보상해준다. 하지만 그보다 더 중요한 것은 열정과 성과를 이끌어낼 수 있는 환경을 먼저 조성하는 것이다. 거친 아스팔트 위에서도 꽃은 핀다지만 수학적으로 따진다면 아스팔트보다는 거름이 충분한 보드라운 흙 위에서 꽃이 피어날 확률이 훨씬 더 높다.

박은관 회장의 생각도 이와 다르지 않다. 그는 직원들이 하루 중 가장 많은 시간을 보내는 곳이 회사라고 말한다. 하루 중 가장 맑은 정신으로 가장 많은 성과를 창출해내야 하는 공간이 회사라는 것이다. 이 때문에 그는 직원들이 오랜 시간 일하는 일터를 더 멋지고 편안하게 꾸미는 것은 회사의 발전과 성과 창출을 위해서도 꼭 필요한 일이라고 생각한다. 물론 이 또한 성과를 따지기 이전에 직원들을 위하는 마음이 우선인 것은 당연한 일이다.

박은관 회장이 회사 설립 당시 창업 멤버들과 삼겹살을 구워 먹으며 한 약속이 있다. 사업이 안정화되면 '멋진 업무 공간을 만들자'는 것이었다. 돈을 많이 벌고 회사를 발전시키는 것도 중요하지만 그에 못지않게 함께 고생하고 수고한 직원들에게 '캠퍼스 오피스Campus Office'와 같은 편안한 업무 공간을 만들어주고 싶은 마음이 컸다.

● 생각을 여는 공간, 캠퍼스 오피스를 구현하다 ─────

멋진 업무 공간을 만들자던 박은관 회장의 꿈은 2003년 의왕에 본사 사옥을 완성하면서 실현됐다. 사업이 안정 궤도에 접어들자 박은관 회장은 제일 먼저 꿈에 그리던 멋진 캠퍼스 오피스 설립을 실현할 계획을 세웠다. 감성이 넘치는 공간에서 직원들이 자유롭게 사고하고 창의적 상상력으로 핸드백 제작에 전념할 수 있는 캠퍼스 오피스 설계에 박은관 회장은 직접 팔을 걷고 나섰다. 설계 하나하나에 그의 아이디어와 제안이 담겼고, 그 결과물이 지난 2003년 경기도 의왕시에 모습을 드러냈다. 국내 최초 파크 개념인 캠퍼스 오피스가 탄생한 것이다.

그가 사업 초기부터 캠퍼스 오피스의 꿈을 가진 데에는 나름의 이유가 있다. 1년 중 절반을 해외에서 업무를 보는 그는 미국이나 유럽의 유명 패션기업들의 사옥을 방문할 때면 늘 감탄하곤 했다. 건물의 높이나 크기가 문제가 아니었다. 공간 하나하나에 직원들에 대한 배려와 애정이 담겨 있었다. 샌프란시스코의 에스프리 사옥은 건축가인 오너가 바닷가 창고를 개조해 직원들을 위한 카페테리아, 운동시설로 이용하고 있으며, 그 외의 다른 패션기업들도 놀라울 정도로 근무환경이 좋은 곳이 많았다.

박은관 회장이 생각하는 캠퍼스 오피스는 화려하고 과시적인 건물을 뜻하는 게 아니다. 패션 관련 기업으로서 근무 공간 자체가 창의성을 북돋아 주고 업무의 효율성을 높일 수 있는 공간이어야 한다는 철학이 배어 있는 개념이다. 구글이나 애플의 사옥이 주목받는 것은 미적 기준 때문이 아니다. 구글과 애플은 회사의 사옥이 직원들의 창의성을 자극하고, 더욱 나은 근무환경을 제공하여 업무의 효율성을 높일 수 있었다.

도심에서 약간 떨어진 곳에 있는 그 회사들은 약 66만~99만m²나되는 넓은 부지에 대학 캠퍼스처럼 자리하고 있었다. 직원들이 잔디밭에서 도시락을 먹고, 휴식 시간에 자전거를 타고, 일할 시간은 개인이 조절해서 사무동에 들어가 일을 했다. 일하다 지치면 산책도하고 운동도 했다. 지금이야 근무 환경이 좋은 기업을 자주 볼 수 있지만, 1980년대 말에 그런 기업들을 직접 본 것은 박은관 회장에게는 큰 충격이었다. 박은관 회장은 그때 이미 캠퍼스 오피스의 꿈을꾸고 있었다. 의왕 고천동에 있는 시몬느 본사는 이런 캠퍼스 오피스를 꿈꾸며 지은 건물이다. 물론 미국처럼 넓은 부지에 지어진 것은 아니지만, 넓지 않은 만큼 아기자기한 맛이 많이 나는 공간이다. 우리나라 수도권 인근에는 캠퍼스 오피스를 만들 부지가 없다.

시몬느 본사는 10차선이 넘는 시끄러운 도로 옆에 있다. 교통량이 많은 1번 국도 변에 이렇게 고즈넉한 오피스가 있으리라는 생각은 이곳에 와보지 않은 사람은 상상하기조차 어렵다. 하지만 사옥으로 들어가면 자동차 소리는 어딘가로 사라지고, 산속에 있는 듯 바람 소리가 들리기 시작한다. 시몬느 본사 안으로 들어가기 전 한 발자국과 들어간 후 한 발자국은 전혀 다른 세상인 셈이다.

사옥을 지을 때는 박은관 회장 개인의 의견이 최대한 반영되었다. 설계에서 인테리어까지 거의 모든 모티브가 그에게서 나왔다. 그는 회사의 기능과 역할에 따라 열여섯 개의 콘셉트 보드를 직접 만들어서 제시했고, 건축에 참여한 전문가들조차 그의 의견에 대체로공감했다. 그는 건축가는 아니지만 10년 넘게 건축 잡지를 보면서나름의 콘셉트를 잡았다.

일반적인 회사라면 다닥다닥 건물이 있어야 할 자리에 정원이 있고, 박물관 같은 건물 안에 들어서면 LA의 세리토스 도서관처럼 학문적인 분위기가 물씬 풍기는 천장 높은 로비가 사람을 맞이한다. 건물 벽에 붙은 액자에는 오너의 사진이나 회사의 업적을 기리는 사진이 아니라 미술 작품들이 담겨 있다. 더군다나 이곳은 평소엔 다양한 미술 작품이 걸리는 미술관처럼 활용되지만 특별한 날엔 음악회를 하는 등 복합 문화 공간으로 변신한다. 시몬느에서는 2004년부터 매년 음악회를 개최하는데, 이 음악회는 직원들과 그 가족들의 호응을 넘어 이미 지역의 명물 행사로 자리 잡았다.

다양한 미술작품과 음악이 직원들의 눈과 귀를 만족시킨다면 업무에 찌든 피곤을 풀어주기 위한 배려도 사옥 곳곳에서 찾아볼 수 있다. 우선 시몬느는 층마다 실외정원을 두었다. 그래서 시몬느에서 일하는 사람들은 누구든 자기 자리에서 창문만 열고 나가면 하늘을 만나고 자연을 느낄 수 있다. 창의적인 작업을 위해서 정서적인 안정이 중요하다는 박은관 회장의 깊은 뜻이 잘 반영된 곳이다. 덕분에 시몬느의 직원들은 일하다가도 언제든 하늘을 보고 바람을 느끼며 신선한 공기를 마실 수 있다. 또 층마다 직원들이 커피를 마시며 휴식을 취하고 재충전할 수 있는 카페테리아 형식의 휴게 공간이 있다. 특히 3층의 휴게실은 이곳을 자주 찾는 외국인 바이어를 위해 앤티크 클래식 분위기를 연출했다. 그곳엔 1900년대 영국 어느 귀족의 실제 애장품이 진열돼 있다. 하나하나 음각으로 조각한 뒤 파인 부분을 일일이 자개로 메운 수공 오르골은 가격을 매기기도 어려운 작품이다.

사방 벽이 온통 유리인 건물을 떠받치는 데크를 넘어가면 근사한 파티를 벌여도 손색이 없을 것 같은 정원이 펼쳐져 있고, 그곳의 연못은 하나의 작품처럼 아기자기하게 구성돼 있다. 정원의 한쪽은 테니스장과 연결돼 있는데, 정원 끝으로 향한 오솔길 끝에는 다양한 꽃과 나무들이 있어 그야말로 식물원이 따로 없다. 옆쪽으로 실개천까지 흐르니 자연의 멋이 더욱 깊다. 이곳에 있으면 반대편에 있는 10차선 거리를 내달리는 자동차 소리는 온데간데없고 물소리, 바람소리, 새 소리만 들릴 뿐이다.

사옥의 야외 공간이 자연을 느끼며 영감을 받는 곳이라면 사옥 내부 공간은 앞서 말했듯 음악과 미술 등 예술을 감상하며 영감을 받는 곳이다. 시몬느에는 로비 외에도 사옥 곳곳에 다양한 미술 작품과 공예 작품들이 전시되어 있는데, 화장실이라고 해서 예외는 아니다. 화장실마다 각각의 콘셉트를 따로 두어 인테리어를 하고 그에 맞는 전시품도 두었다. 전시품 하나하나의 가격도 만만치 않지만 무엇보다도 가장 개인적인 공간까지도 예술적 영감의 공간으로 승화시킨 박은관 회장의 세심한 배려가 감탄스럽다. 더군다나 전시품 대부분은 사옥을 지을 당시 박은관 회장이 해외에 다니면서 하나하나 수집한 작품들이다. 중국, 인도네시아, 베트남, 터키, 이집트 등에서 가져온 고가구와 소품, 유명 미술 작품과 한국의 민화까지 작품 400여 점이 전시돼 있다.

이 외에도 고생한 직원들과 취미, 문화 활동을 함께 즐길 수 있는 체육관, 산책로, 퍼팅 연습장, 연주회가 가능한 대강당도 있다. 결국 박은관 회장에게 사옥은 사업 성공의 증표가 아닌 함께 고생한 직원들에게 베풀어주고 싶은 최고의 업무공간인 셈이다.

시몬느 본사 사옥은 2003년 "새로운 사옥의 전형을 제시했다"는 평가를 받으며 한국건축문화대상에서 대상을 받았고, 그 덕분에 지금은 패션 관계자보다 전국 대학 건축학과 교수와 학생이 더 많이 찾는 명물이 되었다. 이처럼 사옥이 유명해지면서 득을 본 것도 많다. 경기도 의왕이라는 지역적 한계가 직원 채용에 악재가 될까 봐 걱정이었지만, 사옥이 세상에 많이 알려지면서 오히려 채용이 한결 수월해지기도 했다. 이직률도 눈에 띄게 낮아졌다. 현재 의왕시 시몬느 본사에 근무하는 230명 직원의 업종근속 연수를 합하면 3500이라는 놀라운 숫자가 탄생한다. 대부분의 경력이 시몬느인 이들의 근속연수 평균을 내면 1인당 15년을 넘긴다는 뜻이다. 실제 시몬느에 가보면 근무한 지 15년, 20년이 넘는 직원들이 많다. 직원들이 이렇게 오랫동안 근무하는 것은 회사가 안정적이고 근무 여건이 타사에 비해 좋기 때문이다. 직원들 개개인을 인재로 성장시킴과 동시에 그 인재를 오랫동안 모실 수 있는 편안하고 안락한 근무환경을 갖추는 것은 업무의 연속성과 유지 및 발전에 가장 큰 도움을 주고 있다. 실제로 구글을 비롯한 해외의 유수한 글로벌 기업들이 사옥에 공을 들이는 이유 중에는 인재 유치의 목적이 숨어 있다.

회사를 멋지고 편안한 공간으로 꾸미고자 하는 박은관 회장의 바람은 비단 한국에만 해당하는 것이 아니었다. 해외에도 많은 직원이 시몬느를 위해 일하는 만큼 그들을 위해서도 멋진 사옥을 짓고 싶었다. 의왕 본사 사옥은 여러 가지 규제 때문에 규모에서는 박은관 회장의 꿈을 제대로 일구어내지 못했다. 하지만 우리나라 수도권과 달리 공장 부지 넓이에 제한이 덜한 중국 광저우 공장과 베트남 공장은 '파크' 개념을 바탕에 두고 제대로 설계했다.

광저우 공장은 '세문원'이라는 정원이 유명한데, 세문원은 시몬느의 중국식 표기로 '세상으로 나가는 문에 자리한 정원'이란 중의적인 의미도 있다. 글로벌 기업을 지향하는 시몬느와 잘 맞아떨어지는 이름이다. 실제 시몬느 광저우 공장을 본 사람들은 다들 세문원이란 이름과 꼭 맞는 사옥과 정원이라며 칭찬을 아끼지 않는다.

보통 중국이나 베트남에 공장을 만드는 기업들은 싼 인건비가 가장 큰 이유다 보니 공장 인테리어에는 별 관심이 없다. 돈을 아끼기 위해 선택한 곳에서 공장의 인테리어에 돈을 쓴다는 것은 상식적으로도 맞지 않다. 그래서 시몬느가 해외에서 감행한 캠퍼스 오피스의 실천은 업계에서 굉장히 파격적인 것으로 평가받고 있다. 물론 앞서도 말했지만 시몬느가 중국 등지에 공장을 설립한 것은 인건비를 낮추는 것이 목적이 아니었다.

박은관 회장이 해외 공장에 이 같은 공을 들이는 것은 캠퍼스 오피스를 일구고 싶은 본인의 꿈 때문이기도 하지만, 동시에 전략적인 부분도 있다. 그것은 본인이 해외 명품 기업을 방문했을 때 경험했던 것과 같은 것이다. 시몬느는 핸드백업계에서는 매우 유명한 기업이지만, 그래도 처음 거래를 트려는 기업 입장에선 조금이라도 더 꼼꼼하게 따져보려고 한다. 이런 사실을 아는 시몬느는 거래를 시작하기 전에 항상 브랜드 회사 바이어를 한국으로 초청한다. 일단 해외 바이어가 시몬느 본사와 해외 공장을 방문하고 나면 이전의 다소 예민했던 태도가 우호적으로 바뀐다. '이 정도 감각적인 사옥을 지은 기업이라면 우리 명품 핸드백 제작을 믿고 맡겨도 될 만한 실력이 있겠다'는 생각을 하는 것이다.

사옥을 멋지고 품위 있게 꾸미는 것은 직원들이 조금이라도 더 편안한 공간에서 근무하기를 바라는 좋은 목적에서 시작된 일이지만 결과적으론 그 이상의 시너지 효과를 보는 셈이다.

● 문화가 피어나는 공간

시몬느 사옥은 그 자체로도 감상할만한 가치가 충분한 건축물이지만, 더욱이 이 건물이 풍요로운 것은 문화가 계속 피어나는 공간이기 때문이다. 대표적인 이벤트는 '시몬느 아트리움 음악회'이다.

이 콘서트는 아주 우연한 제안이 계기가 되어 만들어졌다. 박은관 회장 동창 중에 성악을 하는 친구가 있었다. 우연히 회사에 방문한 그 친구가 3층까지 확 트인 로비를 보고는 호기심이 발동했는지 발성을 몇 번 하더니 "에코도 좋고 꼭 오페라하우스 같다"며 박은관 회장에게 음악회를 제안했다. 박은관 회장은 그 분야 전문가가 아니다 보니 망설였지만 막상 해보니 직원들의 반응이 좋아서 매년 진행하고 있다. 여름에는 재즈, 겨울에는 클래식으로 구성되는 시몬느 아트리움 음악회는 이제 11회를 거쳤고, 오케스트라 연주와 합창 등 다양한 레퍼토리가 진행되고 있다.

'시몬느 아트리움 음악회'는 특별하게 음향시설이 완비된 강당이 아니라 1층 로비에서 열린다. 그래서 콘서트 이름 앞에 '아트리움(건물의 중앙 홀)'이 붙었다. 연주회를 진행할 수 있는 공간에서 일할 수 있다는 것, 혹은 일을 하다가 문화를 경험하는 것은 모두 직원들에게 자긍심을 갖게 하는 요소가 되었다. 문화를 업무 속으로 들여오는 일은 박은관 회장이 가장 하고 싶어 하는 일이기도 하다.

시몬느는 회사를 벗어난 공간에서도 문화 분야에 많은 후원을 하고 있다. 그중에서도 가장 집중적으로 후원한 분야는 '한글'이다. 박은관 회장은 독문학을 전공했지만 세계 속에 한국어의 위상에 대해 관심이 많다. 대학 은사가 만든 한독문화연구원에서는 독일에 있는 한국어나 한국학 관련 학과를 지원하고 있는데, 그는 이 프로그램에 수십 년째 재정적인 후원을 하고 있다.

박은관 회장은 유럽에서 한국어가 현재 우리나라 위상에 맞지 않은 대우를 받는 것 같아 안타깝기만 하다. 세계 속에서 한국어가 그 가치를 제대로 평가받기 위해서는 외국 대학에 한국어나 한국학을 공부할 여건을 늘려주는 것이 굉장히 중요하다고 말한다. 장기적으로는 그것이 곧 우리 국력을 표출하는 힘이 되기 때문이다. 하지만 안타깝게도 그런 것에 대한 정부나 기업의 투자가 미비한데다 갈수록 줄어드는 경향도 보여 그가 직접 뛰어든 것이다.

박은관 회장은 우리나라의 미래를 위해서는 우리의 문화유산에 대한 투자가 반드시 필요하다고 생각한다. 따라서 그는 정부나 기업의 후원이 필요한 분야를 관심 있게 지켜보고 있다. 특히 세계 속에 한국을 알리는 일에는 더욱 관심이 많다. 미네소타 '숲 속의 호수'가 바로 그런 사례이다.

몇 해 전 한글날에 있었던 일이다. 박은관 회장은 운전 중에 한

라디오 프로그램에 나와 한국어로 이야기하는 캐나다 브리티시콜롬비아 대학의 로스킹 교수의 인터뷰를 듣게 되었다. 박은관 회장은 그 인터뷰를 통해 미네소타에 있는 한국어 마을 숲 속의 호수를 알게 되었다. 마을 이름이 한국어 그대로 숲 속의 호수라는 사실에 크게 감명을 받았다.

박은관 회장은 곧바로 방송국에 전화를 걸어 로스킹 교수와 직접 통화했고, 숲 속의 호수 마을에 대한 후원을 약속했다. 북미지역에 한국어를 보급하기 위해 노력하는 로스킹 교수는 그의 전화에 크게 기뻐했다. 마침 한국 정부의 후원이 끊어져 힘든 상황에 처해 있었다. 박은관 회장은 그곳에 한국의 정자를 짓고 거문고와 가야금을 기증하기도 했다. 학습경비도 후원하고 시몬느 장학금도 주고 있다. 그 덕분에 숲 속의 호수 마을에 〈춘향전〉과 〈흥부전〉을 가르치는 과정이 생겼다.

숲 속의 호수는 북미지역 유일한 한국어 마을이다. 이 마을에서는 오직 한국어로 소통해야 한다. 미국 안의 작은 한국인 셈이다. 매년 많은 외국인이 한국어를 배우기 위해 모인다. 북미에서 태어난 한국인 자녀도 많이 찾아온다. 우리가 진정으로 자랑스러워해야 하는 것은 한국 속의 영어마을이 아닌, 세계 속의 한국어 마을이라는 것을 새삼 깨닫게 해주는 일이 아닐 수 없다.

BACKSTAGE
TO ONSTAGE

시몬느 4.0 시대가 열리던 날

2012년 3월의 어느 날, 국내 언론에서는 일제히 '돈으로 삼성을 이긴' 한 낯선 기업에 대해 요란스럽게 떠들어댔다. 화제의 주인공은 다름 아닌 시몬느였다. 다소 자극적인 제목에 낚여 기사를 읽던 사람들은 하나같이 눈이 휘둥그레졌다. 이름조차 생소한 그 회사가 27년째 세계 유명 명품 핸드백 브랜드 제조 기지의 중심에 있으며, 거리에서 만나는 명품 핸드백의 열 개 중 하나가 그 회사에서 생산된 제품이라고 하니 놀라지 않을 수 없었다.

이날 시몬느가 언론을 떠들썩하게 하며 '돈으로 삼성을 이긴 기업'이 된 데는 특별한 사연이 있다. OEM을 시작으로 Creative OEM인 ODM을 발전시켜 풀 서비스 컴퍼니로 업계에 입지를 굳힌 시몬느는 이제 OBM으로 새 도약을 준비하고 있다. 즉, 제조업으로 시작했지만 어느덧 창조적인 아이디어를 더한 기술개발로 상품기획까지 성공한 시몬느가 이제는 시몬느 고유의 브랜드로 새 드라마를 쓰기 시작한 것이다.

제조업을 하는 사람이라면 누구든 자신이 가진 기술력으로 자체 브랜드를 갖는 것이 꿈일 것이다. 27년 경력의 시몬느도 예외는 아니다. 더군다나 27년이나 묵묵히 한 길을 걸으며 최고의 명품 핸드백 제조기술을 갖춘 시몬느아 밀로 세계적인 명품 브랜드를 만들 자격이 충분히 갖춰져 있다고 해도 과언이 아니다.

그러나 남과 다른 창의적인 방법을 고수하고, 힘들지만 직접 길을 닦는 수고를 감수하는 시몬느는 결코 조급해하거나 서두르지 않는다. 이제는 무대 위로 오를 때가 되었다는 것을 알지만 그럴수록 더 많은 것을 준비하며 신중을 기한다. 시몬느는 몇십 년이 걸릴 수도 있는 세계무대의 주인공이 될 장기 프로젝트에 이제 막 불을 지폈다. 그 준비 과정 중 하나로 새롭게 런칭한 명품 브랜드 '0914$^{O-Nine-One-Four}$'의 플래그십 스토어 부지를 마련하는 과정에서 삼성과 경쟁이 붙은 것이다.

기사의 제목처럼 시몬느가 돈으로 어찌 국내 최고의 재벌기업을 이기겠는가? 그럼에도 경매에서 삼성보다 더 높은 입찰액을 적은 것은 새롭게 런칭할 0914에 시몬느의 애정이 그만큼 깊다는 의미이다. 사업적으로 반드시 필요한 곳이라 판단했기에 땅이 아닌 그 가치에 돈을 지불한 것이었다.

기업의 단계적 성장은 우연히 얻어지는 결과물이 아니다. 전략과 비전으로 성공의 계단을 밟아가야 하며, 단계마다 성공의 요소를 분명히 파악해야 한다. 그래야지만 그다음 단계로 도약할 수 있다. 박은관 회장이 0914의 플래그십 스토어 부지를 고가로 매입한 것 역시 성공의 다음 단계를 향한 전략의 실천으로 해석될 수 있다. 그러니 입찰에서 삼성을 이긴 것은 돈이 아닌 전략과 의지의 결과이다.

● 삼성을 누른 것은 '돈'이 아닌 '열망'이다

2012년 3월 13일 오전에 진행된 한 단독주택 경매에 국내 패션계와 경매 전문가들의 시선이 집중되었다. 신사동 631-35번지, 토지면적 555㎡의 이 단독주택은 패션 관계자들이 자신들의 플래그십 스토어를 짓기 위해 오래전부터 눈독을 들여온 집이었다. 강남에서 그 정도 넓은 평수를 가진 단독 물건이 나오기 쉽지 않은데다 도산공원 앞 명품 거리, 그것도 에르메스와 랄프로렌 사이에 있어서 패션 브랜드가 들어서기에는 적격인 자리였다.

법원 감정가만 228억 5600만 원인데다 대로변도 아닌 이면도로 단독주택에 사상 최고가의 가격이라 호사가들 사이에선 삼성계열 제일모직에서 인수할 것이라는 이야기가 강력하게 제기되었다. 제일모직은 당시 서울의 명품 1번지라는 청담동과 신사동 일대에서 잇달아 명품 수입 매장을 열고 있었다. 대지 평수에 대비해 워낙 고가여서 제일모직에서 경매에 단독 입성할 것이라는 이야기도 많았다. 하지만 경매에는 제일모직 관계자 이외에 또 다른 패션 관계자 한 명이 참가했다. 바로 시몬느의 박은관 회장이었다.

경매가 있기 전날, 박은관 회장은 입찰금액을 정하기 위해 아내와 이야기를 나누었다. 낙찰가는 감정가 228억 5600만 원보다 훨씬 높을 것으로 예상했다. 대지 555m²에 200억 원을 훌쩍 넘는 가격은 제 아무리 알짜 기업 시몬느이지만 부담스러울 수밖에 없었다. 그럼에도 가격은 둘째 문제였다. 시몬느가 처음으로 만든 명품 브랜드 0914의 주력 매장으로 그만한 곳이 없었기 때문이다. 명품 브랜드는 소비자의 인식에 어떻게 포지셔닝 되느냐가 아주 중요하다. 매장의 위치 역시 브랜드의 포지션을 결정짓는 중요한 요소 중 하나다. 극단적인 예로 루이뷔통이 시골의 재래시장 구석진 곳에 매장을 열었다면 과연 지금처럼 최고급의 이미지를 유지할 수 있을까를 상상하면 쉽게 이해될 것이다. 따라서 박은관 회장의 입장에서 에르메스와 랄프로렌 사이에 있는 단독주택 경매는 반드시 성공해야 할 입찰이었다.

삼성에서 그 경매에 참가한다는 것은 공공연한 사실이었다. 주변에서 어떻게 돈으로 삼성을 이길 수 있겠냐고 말했다. 맞는 말이었다. 하지만 핸드백 하나만 놓고 보면 이야기가 달라진다. 세계 명품 시장에서 시몬느를 모르는 기업은 없지만, 제일모직은 아직 언감생심이다. 우리나라만 벗어나면 분위기는 전혀 다르다. 하지만 경매가 이루어지는 곳은 한국이다. 삼성의 정보력이라면 시몬느가 입찰에 참가하리라는 것쯤은 알고 있을 것이다. 삼성 역시 그 땅이 꼭 필요하다 판단했다면 시몬느를 경계하고 있을 것이 분명했다.

"얼마를 써내야 하지?"

박은관 회장은 중요한 결정을 할 때 꼭 아내와 이야기를 나눈다. 사업적인 판단에 스트레스가 상대적으로 덜한 아내와 이야기를 나누다 보면 종종 모범답안을 찾아내곤 했다.

"글쎄요. 꼭 갖고 싶은 것 아니에요?"

창업 당시에 제일 먼저 지지했던 것과 같이 이번에도 마찬가지였다. 아내는 간단하지만 맞는 말만 한다. 꼭 갖고 싶은 곳이라면 사실 금액은 문제가 되지 않는다. 특히 부동산 가격은 그렇다. 그곳을 앞으로 어떻게 활용하느냐에 따라 지불한 금액보다 몇 배 더 큰 가치를 창조해낼 수 있다. 박은관 회장은 마음의 결정을 내렸다.

경매 당일이었던 3월 13일, 서울중앙지법에는 예상대로 제일모직 관계자들이 대거 등장했다. 그리고 시몬느에서는 박은관 회장을 비롯해 경매 실무를 도와줄 세 명이 함께 했다. 다른 입찰자는 없었다. 제일모직과 시몬느의 경쟁이었다.

비공개입찰로 진행된 그날의 경매에서 제일모직의 입찰가는 시몬느가 자체 예상한 가격보다 10억 원 이상 많은 266억 1116만 원이었다. 수백억 거래에서 만원 단위까지 써내며 낙찰에 높은 의지를 드러냈다. 그러나 회심의 미소를 지은 것은 박은관 회장이었다. 박은관 회장이 써낸 시몬느의 입찰액은 287억 원, 예상 입찰가를 훨씬 웃도는 금액이었다. 부동산 경매 전문가들은 "부동산 침체기에 취득세 등 관련 세금과 각종 부대비용을 합해 300억 원에 이르는 물건을 선뜻 매입하기는 쉽지 않다", "최근 경매시장에 흔히 볼 수 없는 고가 낙찰 사례"라고 입을 모았다. 그리고 다음 날 신문에는 '돈으로 삼성을 이긴' 시몬느라는 회사가 온종일 화제가 되었다.

박은관 회장은 입찰금액을 정하면서 낙찰받으려면 최소한 10억 원 이상 비싼 금액을 써내야 할 것을 알았다. 그래도 그 금액을 써낸 것은 "꼭 갖고 싶은 것 아니에요?"라는 아내의 한 마디가 힘이 되었기 때문이다. 그가 이처럼 그 단독주택에 공을 들인 것은 '시몬느가 자신의 자체 브랜드를 런칭하는 것이니 제대로 해야 한다'는 생각을 했기 때문이다. 사실 브랜드 런칭이라는 것이 쉽게 가자면 3년 안에도 할 수 있다. 그러나 그런 브랜드는 생명력이 짧다. 적어도 브랜드를 성공적으로 안착시키려면 20년은 공을 들여야 한다. 더군다나 다른 회사도 아닌 27년간 핸드백을 만들어온 시몬느이다. 처음부터 제대로 하고 싶어서 그 땅에 그렇게 애착을 보인 것이다.

시몬느가 도산공원 앞 명품거리에 0914 매장을 꾸미는 일은 단순히 하나의 새로운 브랜드가 주력 매장을 갖는 정도의 일이 아니다. 세계에서 핸드백을 가장 잘 만드는 회사가 자신들의 브랜드를 세상에 내놓는 일이다. 그 주력 매장은 시몬느와 0914 브랜드 스토리를 보여주는 공간이 될 예정이다. 더군다나 가장 전통적인 방식을 고집하며 최고의 장인정신을 보여주는 유럽 최고의 명품 브랜드인 에르메스와 미국을 대표하는 명품 브랜드인 랄프로렌 사이에 위치한 매장이라 더욱 상징성이 크다고 볼 수 있다.

박은관 회장이 300억 원 가까운 돈을 들여 매입한 터에는 2년 동안의 공사를 거친 후 2015년 9월 14일 시몬느의 첫 번째 브랜드 0914의 플래그십 스토어가 들어설 것이다. 이곳은 0914의 정체성을 단숨에 드러내는 공간으로 꾸며질 예정이다. 브랜드 이름 0914는 9월 14일을 의미하는데, 이는 박은관 회장이 아내와의 특별한 추억이 있는 날짜이다. 회사명 '시몬느'에 이어 첫 브랜드 '0914'에도 아내와 관련된 이름을 사용한 것은 그만큼 박은관 회장이 회사를 사랑하는 마음이 깊기 때문이다.

● 0914와 백스테이지로 시몬느 4.0 시대를 열다 ──────

시몬느의 지난 27년은 네 개의 기간으로 구분할 수 있다. 창업기(1987~1988), 초기성장기(1989~2000), 고도성장기(2001~2011), 그리고 4.0 시대(2012~)이다. 창업기는 도나 카란 뉴욕 컬렉션이라는 당시 '최고급 디자이너 브랜드와 계약을 체결'한 시기이고, 초기성장기는 'OEM에서 ODM을 완전하게 정착'시킨 시기이며, 고도성장기는 연 수출액이 1억 달러를 돌파하고 '풀 서비스 컴퍼니를 완성'시킨 시기라는 의미가 있다.

그리고 시몬느 4.0 시대는 자체 브랜드를 런칭해 세계 명품시장에서 진검승부를 벌이는 시기로 2012년 에르메스와 랄프로렌 사이에 0914를 선보일 공간을 마련한 것과 신사동 가로수길에 핸드백 박물관 백스테이지를 오픈하는 것으로 시작되었다. 이전과 차원이 다른 싸움을 벌여야 한다. 본 게임은 이제 막 시작되었다.

핸드백 박물관 백스테이지의 설립에는 핸드백에 대한 박은관 회장의 깊은 애정이 담겨 있다. 핸드백 제조회사를 차린 지 27년, 그 이전의 해외영업까지 합하면 35년째 핸드백과 인연을 맺고 있는 박은관 회장에게 거래처 사람들은 종종 묻는다. "핸드백은 언제 처음 등장했죠?", "여자들은 왜 그렇게 핸드백을 좋아하죠?"라고. 그때마다 박은관 회장은 이런 모든 질문에 답을 줄 만한 박물관이 있으면 좋겠다는 생각을 했다. 물론 내면적인 열망도 있었다. 그는 핸드백에 바친 인생이 30년을 넘어서면서 그의 핸드백 인생 전반전을 정리하고 새로운 도약의 후반전을 기대하며 뜻깊은 무언가를 남기고 싶다는 마음이 강했다. 분명하게 그 필요성을 느낀 이상 머뭇거릴 이유가 없었다. 박은관 회장은 자신의 생각을 행동으로 옮겼다. 그는 역시 행동파이다.

2009년 박은관 회장은 본격적인 핸드백 박물관 설립 기획에 들어갔다. 2012년도 회사 창립 25주년을 기념하기 위해 핸드백 박물관을 설립하기로 한 것이다. 그리고 예정대로 2012년, 핸드백의 역사와 열광의 의문을 풀어줄 시몬느의 야심작이 그 모습을 드러냈다.

3년이라는 긴 시간 못지않게 비용도 많이 들었다. 박물관 설립 비용은 토짓값을 포함해 200억 원 정도 들었다. 박물관 설립에만 40억 원 정도가 소요됐는데, 그중 절반 정도인 18억 원가량은 지난 3년간 소더비즈Sotheby's 등 세계적으로 유명한 공식 경매업체로부터 전 세계 350여 점의 스토리 있는 상징적인 핸드백 구입 비용으로 사용됐다.

영국 런던패션 칼리지 교수이자 설치미술가인 주디스 클락Judith Clark이 박물관 설립 실무를 책임졌는데, 그가 시몬느의 핸드백 컬렉션을 중심으로 박물관을 만들고 이를 도록으로 만드는 작업을 하자 예일 대학 쪽에서 그 중요성을 인정해 30만 파운드를 지원해왔다. 그만큼 핸드백 박물관 설립은 전 세계적으로 그 가치와 필요성을 인정받았다는 의미이다.

박물관을 준비하면서 가장 힘들었던 것은 '콘텐트(핸드백)'를 찾는 일이었다. 특정 시기에만 집중되지 않도록 적절히 시대를 안배하고 '꼭 언급해야 할' 대표작만 모으려는 정성 때문이다. 더군다나 핸드백이 지금까지는 패션의 부수적인 액세서리 정도로 취급돼왔기 때문에 보존 상태가 좋은 것을 구하기도 쉽지 않은 일이었다. 박은관 회장은 지난 30년간 세계 각지를 돌아다니며 모은 50여 개의 핸드백을 모두 박물관에 전시했다. 그중에는 1550년경 유럽의 봉제 산업 공방에서 만들어진 것으로 추정되는 지갑도 있고, 1억 원에 구입했다는 1970년대 에르메스 핸드백도 있다. 이를 포함해 약 350점의 핸드백 유물이 박물관에 전시되어 있다.

시간과 비용, 그리고 노력과 정성이 많이 소요된 만큼 그 효과도 확실했다. 세계 최초의 핸드백 박물관이 설립됨으로써 사람들은 핸드백을 그저 '사치 소비문화'로 치부하던 분위기를 벗어나 그 이면에 깔린 다양한 가치와 역사를 되짚어 볼 수 있게 된 것이다. 시몬느가 핸드백 박물관의 이름을 백스테이지로 지은 것 역시 이러한 의미가 담겨 있다. 'Bagstage'는 Bag과 Stage를 합성한 신종단어인데, 문자 그대로 핸드백의 모든 것을 볼 수 있는 무대를 뜻한다. 한편, Bagstage는 발음상으로 'Backstage(Back+Stage)'와 유사해 중의적 의미도 있다. Backstage는 '무대 뒤에서'라는 영단어를 합성한 것인데 핸드백이 상품 진열대라는 무대에 오르기 전 무대 뒤의 과정을 보여준다는 의미로, 연극이 어떻게 만들어지는지 보여주는 또 다른 연극 무대인 셈이다. 따라서 이러한 중의적인 의미를 간직한 백스테이지는 핸드백의 모든 것이 어떻게 만들어지는지 보여주는 열린 광장Open Square이라고 할 수 있다.

핸드백은 여성들의 마음을 담는 보관함이자 하나의 문화이다. 그런 의미에서 시몬느의 핸드백 박물관 건립은 사회적 참여의 성격이 강하다. 핸드백의 변천사는 여성의 존재와 가치가 변화해온 상징의 역사이기 때문이다. 핸드백을 통해 표출된 여성의 아이덴티티를 시대마다, 제품마다 파악할 수 있다. 그러므로 백스테이지는 단순한 전시관이 아니라 박물관으로서의 가치를 가진다. 세계 최초의 핸드백 박물관인 이곳은 지상 5층과 지하 5층의 규모로 3층에서 5층까지 약 350여 점의 핸드백들이 전시되어 있다. 그 외의 층은 자체 브랜드인 0914 매장, 핸드백 편집 매장, 신진 디자이너를 위한 무임대료 매장Co-op Shop, 누구나 핸드백을 직접 제작해볼 수 있는 체험공간인 공방, 그리고 다양한 가죽 소재를 전시판매하는 소재장素材場으로 구성되어 있다.

시몬느의 핸드백 박물관 설립을 단순히 시몬느의 홍보용으로 이해해서는 안 된다. 회사 홍보가 목적이었다면 더 쉬운 길을 택했을 것이다. 명품 핸드백 제조의 중심에 있었던 지난 27년의 세월이라면 업계 최고의 스펙이고, 그 스펙을 무기로 좀 더 쉬운 홍보방법을 선택하더라도 충분한 효과를 거둘 수 있었다. 하지만 시몬느는 눈에 보이는 쉬운 길을 가지 않았다. 애초에 시몬느가 바란 것은 기업의 홍보가 아닌 핸드백에 대한 올바른 이해였고, 이것이 하나의 문화 아이콘으로 그들의 가슴속에 새겨지는 것이었기 때문이다.

'핸드백만을 위한 최초의 공간'인 백스테이지는 학술적 측면에서 높은 평가를 받고 있다. 백스테이지를 건립할 때 큰돈을 지원했던 미국 예일대에서는 『핸드백, 박물관이 되기까지』라는 책을 발간했고, 주디스 클락 교수가 백스테이지를 개관하기까지의 전 과정을 담았다. 또한 이 책에는 시몬느 핸드백 박물관에 전시된 각종 유물에 대한 상세한 소개도 곁들여져 있어 교육적인 면에서도 큰 역할을 담당하고 있다.

　박은관 회장은 앞으로 각계 전문가와 함께 백스테이지의 꾸준한 전시품 확보와 전시기획을 위해 애쓰고, 항상 신선하면서도 권위 있고 재미도 있는 박물관이 되도록 꾸려갈 계획이다. 박물관을 통해 패션 산업의 관계자뿐 아니라 다양한 산업의 후배들이 긍정적인 자극을 받고 동기를 부여받아 다양한 모티브의 역할을 하길 소망하기 때문이다. 또한 이는 지금껏 핸드백으로 돈을 벌었던 사람으로서의 사회적, 시대적 소명 의식이기도 하다.

길을 열어 무대 위에 서다

2011년 9월, 유럽 명품 브랜드인 루이뷔통이 전 세계 공항 중 처음으로 인천공항에 문을 열었다. 그런데 루이뷔통을 유치하는 과정은 롯데와 삼성의 명품 전쟁으로 비유될 만큼 치열했다. 결국 전쟁의 끝에서 루이뷔통의 간택을 받은 것은 삼성이었다.

루이뷔통이 그동안 세계 그 어느 공항에도 입점하지 않았던 것은 바쁘게 움직이는 공항면세점에서 사람들이 급하게 구입하는 게 싫었기 때문이다. 명품의 자존심이 이를 허락하지 않은 것이다. 그러나 인천공항의 규모나 매출이 가히 세계 최고이니 큰 맘 먹고 허락한 것이다. 루이뷔통의 '허락'에 감사하고 '간택'에 기뻐하는 것이 뭐 그리 큰 문제겠는가. 하지만 명색이 우리나라를 대표하는 대기업, 그것도 글로벌 기업이라는 롯데와 삼성이 명품 브랜드 대리점 하나를 두고 법정공방까지 벌이는 등 사력을 다한다는 것은 안타까운 일이 아닐 수 없다.

제아무리 기업의 목적이 이윤추구에 있다지만 자타가 공인하는 우리나라의 얼굴 기업들이 자체 브랜드 개발로 글로벌 시장을 공략하기보다는 남이 만들어놓은 브랜드의 대리점을 개설하는 데 사력을 다하는 것은 그리 바람직하게 보이지 않는다. 게다가 남이 차려놓은 밥상 위에 숟가락을 얹으며 마치 제 밥상인양 환호하는 모습에서 총명함과 용맹함이 모두 사라진 이름뿐인 명장을 보는 듯해 걱정스럽기까지 하다.

최근 구글이 세계 최고의 검색 업체의 위상에서 점차 벗어나 방향성과 집중성을 잃고 태양광 에너지 사업, 무인자동차 사업까지도 모자라 동영상 편집이나 소셜네트워크 서비스에까지 그 영역을 확대하자 한 투자 전문가는 구글의 문어발식 확장을 꼬집어 "큰 물고기가 헤엄치고 다니는데, 정작 이 사실은 모른 채 고작 작은 물고기들을 다 잡으려고 한다"고 신랄하게 비판했다. 인터넷업계의 총아이자, 새로운 리더라는 구글의 호칭이 무색해질 따름이다. 루이뷔통을 둘러싼 소동은 기업의 핵심역량을 확장한 새로운 비즈니스 기회의 창출과는 다소 거리가 멀다. 그저 머니게임에 불과할 뿐이고, 또 우리나라 대기업의 문어발 확장의 또 다른 모습일 뿐이다.

기업의 목적은 이윤추구에 있지만, 그것은 지속적인 창조적 도전으로 얻은 이윤일 때라야 비로소 존속을 보장받을 수 있다. 쉬운 길만을 찾다 보면 점점 더 쉬운 길을 고집하게 되고, 결국엔 그동안 쌓아왔던 자신의 핵심역량마저 잃게 된다. 근육은 지속적으로 운동해야 유지할 수 있다. 편하고 안락한 시간을 즐기면 근육은 파괴되고 결국엔 제 몸마저 지탱하지 못해 주저앉고 만다.

● 첫걸음을 떼지 않으면 미래는 만들어지지 않는다 ─────

세계에서 핸드백을 가장 잘 만드는 기업 시몬느는 남이 깔아놓은 '쉬운 길'은 가지 않는다. 남이 만들어놓은 명품 브랜드 대리점 개설에 자축하기보다는 스스로 명품이 되기 위해 길을 만들고 있다. 삼성이 루이뷔통 대리점 개설로 축배를 들 때, 진정한 앙트레프레너는 루이뷔통과 한판 붙을 준비를 하고 있었다.

시몬느는 지금도 충분히 '잘 나가는' 회사이다. 매출은 2013년 기준으로 6900억 원을 넘어섰고, 영업이익만 1년에 1000억 원을 훌쩍 넘는다. 현상만 유지해도 잘 먹고 살 수 있다. 그런데 왜 이런 회사가 굳이 브랜드를 만들고 험난한 길을 가려 하는 것일까? 돈을 제대로 벌어보겠다는 생각일까?

돈만 생각했다면 힘들게 부동산 경매에 참가해서 강남 단독주택을 매입하고, 해외 유명 학자에게 시몬느의 가치에 대해 학문적 고찰을 의뢰하는 일 따위는 하지 않았을 것이다. 그 시간에 명품 브랜드 하나 더 수주하는 게 훨씬 이득이기 때문이다. 굳이 브랜드를 가지고 싶다면, 유럽에서 한때 잘 나가다가 사라졌거나 경영이 어려워진 브랜드를 사서 리바이벌하는 게 수익 면에서 훨씬 이득이다. 실제 국내의 많은 패션 기업들이 그렇게 재미를 보고 있지 않은가! 그렇다면 도대체 왜 시몬느는 애써 가시밭길을 자처하는 것일까?

브랜드 런칭은 시몬느의 사명 같은 일이다. 시몬느는 OEM에서 ODM으로 그리고 풀 서비스 컴퍼니를 거쳐 OBM이 가능한 수준에 이른 기업이며, 이는 동종업계에서 유일하다 할 수 있다. 자신들의 브랜드를 만들어내는 것은 그 과정의 마지막 단계에서 자연스럽게 해야 하는 일이 되었다. 이는 시몬느 자체적으로도 크게 의미 있는 일이지만 성공을 바라고 기업가를 꿈꾸는 이 땅의 많은 청춘에게 희망을 심어주는 일이기도 하다. 무에서 유를 창조해내며 성공을 향해 나아가는, 더군다나 그것이 요행이나 운의 결과물이 아닌 오랜 시간을 두고 하나하나 단계적으로 일궈나가는 성공이기에 더더욱 가치가 있는 것이다.

시몬느의 창업주 박은관 회장이 1979년 청산에 취직했을 때만 해도 지금과 같은 '큰 사건'을 칠 것이라고는 아무도 예상하지 못했다. 대학에서 독문학을 전공하고 작가의 삶이 더 어울릴법한 인문학도가 패션 분야에서 특별한 도전정신을 갖게 된 것은 청산에서 해외영업 담당자로 발령나면서부터였다. 아는 것도 없고 관심조차 없던 생소한 분야였지만 직접 일을 하면서 하나하나 눈을 뜨고 관심을 두니 어느덧 더 깊이 알고 싶고 잘하고 싶다는 도전정신이 생겨난 것이다.

그는 해외출장에서 유럽의 봉제 산업 단지나 프랑스, 미국 현지 사람들이 입고 다니는 옷을 보면서 패션에 눈을 떴다. 1980년대 초 대한민국 패션은 그들과 너무 많은 수준 차이가 났다. 세계 패션 시장을 파악하면서 그는 '반드시 그들을 능가하는 제품을 만들어내겠다'는 꿈을 가졌다. 그리고 30년 넘는 시간 동안 한눈팔지 않고 꿈을 향해 달려갔으며, 이제 처음 가졌던 그 꿈을 이루려고 한다.

기업을 성공으로 이끄는 데에는 CEO의 판단과 노력이 절대적인 비중을 차지한다. 시몬느도 그랬다. 박은관 회장의 패션시장을 향한 열정, 직관력, 추진력, 성실함이 조직을 한 방향으로 움직이게 했고, 지금의 성과를 만들어냈다. 그가 해낸 것은 여러 가지가 있지만, 그중에서도 특히 아시아 3개국에 다섯 개 공장을 만들어 7000억 원 정도의 연 매출을 기록하는 제조 시스템을 만든 것은 괄목할만한 성과이다. 핸드백 제조에서 세계 최고라고 하는 이탈리아에도 이런 시스템은 없다. 그것도 제품 기획에서 품질관리까지 생산 시스템이 매우 잘 정비돼 있어서 마치 살아 있는 하나의 조직 같다. 핸드백이라는 단일 품목으로 이 정도 생산라인을 갖춘 기업은 이 세상에 없다.

더욱 놀라운 것은 이러한 시스템을 늘 한 발짝 앞서 준비했다는 사실이다. 브랜드 회사가 필요성을 느끼고 주위를 살피면 이미 완벽한 준비를 마친 시몬느가 여유로운 미소를 띠고 있었던 것이다. 이는 탁월한 예측력 없이는 힘든 일이며, 이러한 예측력 역시 뛰어난 통찰력에서 비롯됨을 알 수 있다.

이처럼 박은관 회장은 뛰어난 통찰력으로 시장을 정확하게 파악할 줄 아는 경영자이다. 그가 시몬느를 이끌어온 지난 27년 동안 글로벌 핸드백 시장의 변화는 그의 예상을 빗나간 적이 없었다. 덕분에 시몬느는 창사 이래 단 한 번도 위기를 겪지 않을 수 있었다. 그만큼 변화나 위기 요소에 잘 대응할 수 있도록 미리 준비했기에 큰 문제 없이 경영을 해왔다. 시몬느의 0914 브랜드 런칭이 예사롭지 않게 받아들여지는 것도 사업가 박은관 회장에 대한 믿음 때문이다. 탁월한 통찰력과 판단력, 그리고 철저한 준비성과 성실함까지 갖춘 그이기에 '누구도 가지 않은 길'을 묵묵히 걷는 그 뒷모습조차 믿음 직스럽고 든든해 보이는 것일지도 모른다.

박은관 회장의 이러한 통찰력과 준비, 그리고 성실함에 대해 '우상화'의 편견은 위험하다. 마치 하늘에서 뚝 떨어진 천재의 활약으로 이해해서는 안 되는 것이다. 박은관 회장의 통찰력은 갑자기 생겨난 게 아니다. 그는 청산에서 근무하면서 '현장의 생리'를 누구보다 더 이해하려고 노력했다. 그러므로 근무기간이 늘어나면서 승진하는 평범한 직장인의 즐거움을 만끽하기보다 늘 명품시장의 변화와 흐름을 주목했다. 그리고 자신이 분석한 결과를 과감히 실행에 옮기는 결단을 내렸다. 이런 그의 행적이 점차 축적되면서 그 분야에 대한 통찰력도 함께 그 깊이를 더해간 것이다.

존경받는 기업가들의 공통점은 이처럼 끊임없이 스스로를 단련하며 통찰력을 키웠다는 것이다. 그래서 그들은 직급과 관계없이 늘 현장을 주목하고 또 심사숙고하되, 결론이 나오면 발 빠른 실행력을 선보였다. 그리고 시선은 늘 지금보다 먼 미래를 향해 있다. 소프트뱅크의 창업자인 손정의 회장은 "눈앞을 보기 때문에 멀미를 느끼는 법이다. 몇백 킬로미터 앞을 바라보라. 바다는 기름을 제거한 양 평온할 따름이다. 나는 그곳에 서서 오늘을 지켜보고 사업을 한다. 그래서 전혀 걱정하지 않고 있다"고 했다. 박은관 회장의 탁월한 역량도 이와 다를 게 없다.

0914는 높은 품질에 합리적인 가격을 가진 어포더블 럭셔리 브랜드다. 이 시장은 계속 성장 중이다. 한때 초고가의 유럽 명품 소비를 주도했던 미국과 유럽 시장은 정점을 찍은 지 오래됐고, 일본 역시

5년째 명품 소비가 줄어들고 있다. 우리나라도 국민소득 4만 달러가 될 때까지는 명품 소비가 계속 늘어나겠지만 상승세는 약해질 것이라는 게 전문가들의 예상이다. 선진 시장들은 네임밸류보다 합리적인 소비에 대한 욕구가 강해지고 있는 것이다. 이런 추세는 0914의 아이덴티티와도 잘 부합한다.

사실 0914의 성공은 우리가 생각하는 사업의 성공과는 성격이 다르다. 27년간 열심히 미싱을 돌려 세계 최고의 핸드백 제조회사로 성장한 시몬느에서 만든 브랜드라는 것만으로도 탄생 자체의 의미를 찾을 수 있다. 어디 그뿐인가. 시몬느가 앞으로 해나갈 글로벌 마케팅과 유통은 고스란히 우리의 유산으로 남을 것이다.

누구도 가지 않은 길을 가는 것은 엄청난 비용과 시간이 드는 것은 물론이고, 그 자체만으로도 매우 고달픈 일이다. 그러나 그 걸음을 떼지 않으면 미래는 만들어지지 않는다. 시몬느가 도전하는 4.0 시대는 그래서 의미가 있다.

● Back stage To On stage

지난 27년 동안 생존을 위해 열심히 달려오느라 시몬느 스스로도 자신을 제대로 평가할 시간이 없었지만, 시몬느의 가치는 상당히 크다. 핸드백 시장이 폭발적으로 팽창했던 그 시기에 시몬느는 그 태풍의 눈 속에 있었다. 엄청나게 커진 명품 핸드백 수요를 맞추어준 것이 시몬느였고, 그런 관점에서 보자면 시몬느가 명품 핸드백 시장의 주역이었던 셈이다.

흔히 역사를 이야기할 때 정치나 문화를 중심으로 평가해왔지만, 향후에는 산업이 중심에 있을 가능성이 높다. 경제학자들이 산업을 역사적으로 정리할 때 우리나라의 1970년에서 2030년까지는 혁신을 통해 세계 일등품질을 만들었던 획기적인 기간이라는 평가를 받을 것임을 확신한다. 특히 전자분야에서는 삼성, 자동차 분야에서는 현대, 패션 분야에서는 시몬느가 그 주인공이 될 가능성이 높다.

이런 의미에서 박은관 회장이 최근 생각한 단어가 하나 있다. '동시대 산업 유산Contemporary Industrial Heritage'이다. 우리 산업 중에 세계 최고 경쟁력을 갖추고 있는 조선이나 전자 분야를 예로 들면, 지난 30년 동안 근대의 산업 유산과 전통을 정리하는 작업을 통해 현대나 삼성이라는 브랜드에 접목하는 일은 굉장히 의미가 있다. 그런 것처럼 핸드백에서도 럭셔리와 디자이너 컬렉션이 성장하던 그 격동기에 시몬느가 한 파트에서 주역이었다는 것을 이야기할 필요가 있다는 것이다.

전통이 반드시 500년 된 도자기에만 있는 것은 아니다. 우리의 산업 분야에서 30년은 지난 200년보다 훨씬 더 격동적이었다고 볼 수 있다. 실제로 박은관 회장은 0914 브랜드의 본격적인 런칭에 앞서 시몬느가 지난 30년 동안 산업분야에서 이룬 성과, 즉 '동시대의 산업 유산'을 정리하는 작업을 시행했다. 그 결정체가 바로 핸드백 박물관 백스테이지이다.

핸드백 박물관의 콘셉트는 B. T. O이다. 이는 'Back To On'으로 해석할 수도 있고, 'Back stage To On stage'로 해석할 수도 있다.

즉, '무대 뒤에서 무대 위로'라는 의미, 그리고 '무대 뒤에서 본 연극이 어떻게 만들어지는가를 보여주는 형태의 연극'인 셈이다. 핸드백이 만들어지는 과정을 그대로 보여주는 것은 시몬느의 정체성과 일치하기도 한다.

보통 명품 브랜드를 만든다고 하면 소비자들에게 판타지를 심어주기 위해 제조공장의 기름 냄새는 빨리 털어내고 싶을 수도 있지만, 시몬느는 그것을 전면에 내세우려 하고 있다. OEM에서 ODM과 풀 서비스 컴퍼니 시기를 거쳐 OBM으로 성장한 시몬느만의 진실을 그대로 보여주려고 하는 것이다. 실제 백스테이지에 가면 전시관뿐 아니라 핸드백의 뿌리라고 할 수 있는 소재, 디자인, 핸드백이 만들어지는 실제 공방을 볼 수 있다. 핸드백이라는 완성품이 무대에 오르기까지 어떤 과정을 거치는지를 모두 볼수 있다.

백스테이지는 단순한 핸드백 박물관이 아니라 시몬느의 꿈과 대한민국 핸드백 제조의 역사가 살아 있는 공간이다. 실력 있는 무명 디자이너를 위한 공간을 만든 것은 그런 점에서 의미가 있다. 그들이 백스테이지에서 열심히 작업하고 물건을 내놓는 과정이 우리 핸드백 사업의 생생함을 보여주는 장면이 되기도 한다. 시몬느가 글로벌 명품 브랜드 제품을 만드는 데 사용하는 가죽 소재와 각종 부품도 핸드백 박물관에 전시돼 있고, 즉석에서 판매도 가능하다. 이 역시 신진 핸드백 디자이너들이 원하는 재료를 최대한 손쉽게 구입해 작품을 만들 수 있게 돕기 위해서다.

박은관 회장은 백스테이지에서 연상하는 그림이 있다. 패션에 관심이 있는 젊은이들 누구라도 박물관에 방문하여 돌아갈 때에는 어딘가에 핸드백 하나를 들고 나가는 모습이다. 쇼핑했다면 그들의 손에 핸드백이 들려질 것이고, 박물관 관람을 했다면 핸드백의 역사와 지식이 그들의 머릿속에 담길 것이며, 핸드백의 소재를 보고 제작체험을 하고 신진 디자이너들의 모습을 보았다면 그들의 가슴 속에 패션에 대한 꿈과 열정이 새겨질 것이다. 그것이 바로 백스테이지가 희망하는 가장 큰 목표이다.

과장된 특별함은 가라!
정직한 '편안함'이 온다

"힘들더라도 한국의 아이덴티티를 가지는 럭셔리 핸드백 제품을 만들어야 한다. 그 권리나 의무가 우리에게 있다."

쉽고 편안한 길 대신 정면 승부하는 길을 택한 박은관 회장은 "시몬느의 자체 브랜드 출시는 소명과도 같은 일"이라 말한다. 물론 그 길은 힘들고 성공 확률도 그만큼 낮다. 하지만 제일 큰 밑천인 자부심이 있으니 그 힘을 믿고 당당히 나아갈 뿐이다.

박은관 회장이 핸드백이라는 단일 품목으로 외길을 걸어온 지 30년이 넘었다. 시몬느를 창업한 지도 27년이라는 짧지 않은 세월이 흘렀다. 게다가 현재 230여 명에 달하는 시몬느 직원들이 핸드백을 만들어온 시간을 모두 합하면 3500년이 된다. 핸드백이라는 카테고리에서 이 정도 규모로 장인과 디자이너가 모여 있는 회사는 전 세계에서 시몬느가 유일하다. 박은관 회장이 말한 '권리'와 '의무'에 과연 고개를 끄덕이지 않을 수 없다.

시몬느는 명품 브랜드를 만들지만, 유럽의 브랜드처럼 프랑스 플로랑스의 작은 공방에서 태어난 유러피언 판타지로 만들 계획이 전혀 없다. 국내 핸드백 제조사 중에는 독일, 프랑스의 봉제 산업에 진출해서 핸드백을 만들 계획을 세운 곳도 있다. 유럽 공방에서 만들어졌다는 이미지를 끌어오기 위해서이다. 하지만 시몬느에 그런 억지스러운 판타지는 필요 없다. 27년간 핸드백을 만들어온 자신의 아이덴티티로 당당히 승부를 걸 생각이다. 과장된 특별함 대신 정직한 '편안함'으로 소비자들에게 다가서고 싶다.

최근 '정직한 소비, 가치 소비' 트렌드가 뜨고 있는 것을 감안하여 글로벌 럭셔리 브랜드보다 소재와 디자인은 훨씬 좋은, 그러나 가격은 조금 낮은 핸드백이 0914의 기본 콘셉트이다. 다시 말해서 '솔직함'이라는 가치에 무게를 두어 '0914만의 가치'를 추구하는 것이다. 역사가 40~50년뿐인 유럽 명품 브랜드들은 마치 100년~120년 전 중세 귀족 왕족들의 역사와 함께 걸어온 것처럼 과대 포장하여 브랜드의 스토리를 만든다. 이들 브랜드들은 소비자들에게 명품의 특별함을 어필해 과시와 자기만족에 무게를 둔다. 하지만 시몬느는 그들과는 반대로, 있는 그대로를 보여주고 싶어 한다. 그래서 0914는 '정직함, 솔직함 그리고 편안함'이란 콘셉트로 소비자들이 쉽게 다가올 수 있고 소유할 수 있는 브랜드로 어필해나갈 것이다.

0914 브랜드 로고에 새겨진 물고기 모양 역시 시몬느가 추구하는 정직한 편안함을 잘 드러내고 있다. 물고기 모양은 수산업계 거상의 아들로 태어나 바다에서 꿈을 키운 박은관 회장의 마음을 그대로

담은 것이다. 그림 속 물고기는 박은관 회장 집안의 가업과 어린 시절 바다에 나갔던 추억의 이미지인 동시에 세상이라는 바다에서 마음껏 헤엄쳐나가는 박은관 회장 자신이기도 하다. 존경하는 아버지와의 추억, 꿈의 모태가 되어주었던 바다, 물고기를 잡는 어부의 정직한 땀방울, 그리고 그 바다를 마음껏 헤엄쳐가는 자신의 모습까지 0914에 담아내며 가장 솔직하고 진실한 모습으로 고객들에게 다가가고 싶은 것이다.

● 노력만큼 정직한 거름은 없다

세상 그 어디에도 쉽게 얻어지는 성공은 없다. 시간과 땀, 때로는 눈물이 담보되어야지만 비로소 얻어지는 것이 성공이라는 열매이다. 시몬느처럼 오랜 시간에 걸쳐 OEM에서 풀 서비스 컴퍼니로 발전한 기업이 핸드백의 '진정한 가치'를 들고 브랜딩 작업을 하는 것은 기업의 발전 과정에서 자연스러운 수순이다. 그 흐름을 경제학자나 패션 분야의 영향력 있는 에디터들이 의미를 부여하면 트렌드가 될 수 있다. 그럼에도 0914 브랜드가 세계 명품시장에서 성공을 거두기 위해서는 많은 장애물을 통과해야 한다. 소비자에게 품질과 가격 면에서 만족을 주어야 하는 것은 기본이고, 한국이라는 이미지에 맞는 제품을 만들어야 하며, 트렌드 변화도 읽을 줄 알아야 한다. 즉, 시몬느의 실력에 노력이라는 정직한 거름을 더해야지만 비로소 브랜드의 성공적 안착이 가능해진다.

물론 소재 개발이나 디자인 능력 등 제품을 만들어내는 능력은 이미 지난 27년의 세월로 충분히 검증되었다. 게다가 시몬느만의 브랜드 0914는 독창성과 진정성 면에서 성공했다는 평가를 받고 있다. 우선 가장 큰 거래처인 마이클 코어스 관계자들이 0914 제품의 완성도에 박수를 쳐주었다. 사실 브랜드 회사의 입장에서 볼 때, 제조사가 런칭한 브랜드에 좋은 평가를 하기란 어려운 일이다. 당장 시장에서 라이벌이 되어 경쟁할 수도 있기 때문이다.

가격은 혁명을 이끌 정도로 파격적인 책정이 가능하다. 시몬느는 제조기술, 소재 개발, 디자인 능력, 상품기획 그리고 브랜드 유통까지 모두 섭렵하고 있기 때문에 가격혁명 또한 이룰 수 있다. 현재 미국이나 유럽 럭셔리 브랜드들의 시중가격은 공장도 가격의 6~10배 정도인데 소프트웨어와 하드웨어, 그리고 브랜드 유통까지 하는 시몬느는 4~5배까지 낮추는 게 가능하다. 독특한 소재와 디자인에 따라서는 고가의 제품이 나올 수 있지만 0914 대부분의 핸드백은 100만 원 이하로 측정될 예정이다. 상품의 질은 더 좋고 가격은 더 낮은, 그야말로 합리적인 소비를 이끄는 주역의 자리에 시몬느가 있다.

실력과 가격 면에서 충분히 승산이 있다지만 실제로 럭셔리 브랜드 시장에 진입하기 위해서는 해결해야 할 다른 과제도 많다. 기존 브랜드들의 견제도 이겨내야 하고, 소비자들의 인식을 바꾸는 일도 해야 한다. 박은관 회장은 카를 라거펠트나, 랄프로렌처럼 수십 년 경력을 가진 디자이너가 아니다. 시장은 시몬느에 단순한 제조 능력이 아니라 브랜드를 가질 만한 자격이 있는지를 물을 것이고, 시몬느는 이에 대한 답을 준비해야 한다.

그뿐만 아니다. 0914가 세계 명품시장에 성공적으로 안착하기 위해서는 미국, 그리고 유럽이라는 거대 장벽을 넘어야 한다. 세계 핸드백업계는 시몬느의 기술력을 인정하고 있지만, 동시에 시몬느가 OEM 회사라는 기억도 가지고 있다. 이는 시몬느가 자체 브랜드로 유통할 때 약점이 될 수도 있다. 삼성전자에 제품을 납품하는 비데 제조회사가 자체 브랜드로 삼성전자와 똑같은 수준의 제품을 내놓아도 팔리지 않는 것과 같은 상황이 벌어질 수 있다. 시몬느도 이 부분을 가장 많이 고민했다. 하지만 그 고민의 끝에서 결국 '있는 그대로의 모습'을 보여주겠다는 결론을 내렸다. 명품의 장벽을 억지로 넘기보다는 있는 그대로 맞서려는 것이다.

이처럼 넘어야 할 장애물들이 많은 만큼 시몬느는 더 철저하게 준비하고 있다. 시몬느는 세계 명품 핸드백 시장을 잘 분석하고 있고, 많은 능력이 있지만 여전히 미싱 냄새가 많이 난다. 제조가 시몬느의 중심이기 때문이다. 시몬느를 다음 세대에 OBM으로 넘기려면 제조기술, 검수기술, 소재 개발, 디자인 개발 능력만으로는 안 된다. 로케이션, 리테일, 마케팅 능력과 경험을 모두 가져야 한다. 시몬느는 지금 그것을 배우고 있다.

생존의 조건은 엄격하다. 한 브랜드의 성공은 재능이나 재주만으로는 되지 않는다. 재능, 마케팅, 자본 세 박자가 맞아야 성공할 수 있다. 수백 개 브랜드 중 10년 후까지 살아남는 브랜드는 두세 개에 불과하다. 0914는 어떤 결과를 가져올지 염려와 기대가 뒤섞이지만 분명한 것은 지금까지 해왔던 것만큼만 열정적으로 노력하고 도전한다면 충분히 승산이 있다는 것이다.

0914에서 출시될 첫 제품들은 이미 소재별, 종류별로 만들어놓은 상태이다. 이제 브랜드의 성공적인 시장 안착에 더욱 힘을 쏟으면 된다. 지금까지는 제조에 전념했기에 어쩔 수 없이 부족한 부분이 있다. 마케팅이나 유통은 아직 미지의 세계나 마찬가지이다. 인력도 강화해야 하고, 경험도 쌓아야 한다. 2015년 도산공원 앞에 0914 주력 매장이 만들어지고 나면 1년 정도 시장 테스트 과정을 거친다. 그 테스트는 박은관 회장, 시몬느 디자이너 팀, 마케팅디렉터, 생산 부서 인력이 참가해 브랜드 포지셔닝과 브랜드 마케팅에 대해 실전 경험을 쌓는 과정이다.

0914 브랜드 마케팅에서 가장 큰 숙제는 '실제 판매 경험 부족'이다. 만드는 기술은 이제껏 최고라고 인정을 받았지만, 판매 경험은 부족한 것이 사실이다. 이제 마지막 숙제가 남은 셈이다. 이 숙제를 해결하는 과정 역시 배우는 마음으로 겸허히 임할 것이다. 첫술에 배부를 수 없다고 매출에 대해선 아예 마음을 비웠다. 사실 처음에는 그 의미도 적을 것이다. 0914로 한 달에 1억 원을 팔아도 시몬느 매출의 0.1%도 안 된다. 그래도 해야 하는 이유는 얼마든지 많다. 시몬느 스스로 자신들의 가치를 찾는 일이다. 0914 핸드백 하나 파는 게 시몬느에는 코치 핸드백 1만 개를 파는 것보다 중요할 수 있다.

● 브랜드와 문화가 결합해야 진정한 명품이다 ───────

"이제 우리나라에서도 명품 브랜드가 나올 때가 되었다."

박은관 회장이 시몬느 자체 브랜드 0914의 런칭을 결심한 데는 이제 그 '때'가 되었다는 이유도 크다. 사실 시몬느를 알고 지지하는 일부 지인들은 몇 년 전부터 브랜딩 작업을 채근했다. 많은 명품 장인들과 뛰어난 실력의 디자이너들을 보유한 시몬느는 명품 브랜드의 입지를 굳힐 수 있는 업계 유일한 회사이기 때문이다. 그러나 박은관 회장은 섣불리 브랜딩에 뛰어들지 않았다. 그가 인내를 가지고 때를 기다린 데는 그만한 이유가 있었다.

브랜드는 앞서 말했듯이 재능, 마케팅, 자본 세 박자가 맞아야 성공할 수 있다. 그런데 럭셔리 브랜드는 여기에 하나가 더 추가된다. 바로 '문화'이다. 품질이 뛰어나면 그냥 '좋은 제품'이다. 가격이 비싸면 그냥 '고가 제품'이다. 하지만 품질이 뛰어난 고가의 제품에 문화가 결합하면 그것은 '명품'이 된다. 물론 이때의 문화란 과장되거나 꾸며진 판타지가 아닌 전통이 깃든 고유의 문화여야 한다.

비싸고 좋은 제품이라고 해서 모두 명품으로 인정받을 수 있는 것은 아니다. 문화와 전통을 선점해야 비로소 명품 브랜드가 완성된다. 즉, 명품 브랜드가 시장에 안착하기 위해서는 기업의 능력 외에 국가와 사회의 문화적인 성숙도가 뒷받침되어야 한다. 박은관 회장이 기다린 것은 이러한 한국 사회의 문화적 성숙도이다. 우리나라는 불과 5~6년 전까지만 해도 제품에 'Made in Korea' 럭셔리 브랜드라는 타이틀을 달고 프랑스나 이탈리아에 맞서 세계시장에 나올 만한 국가적 문화 성숙도가 정착되지 못했다. 내면은 그 누구보다도 뛰어나지만 아직 그것이 외형적인 완성도를 갖추지 못한 것이다. 즉, 프랑스나 이탈리아에서 가진 뿌리 깊은 문화와 역사적 시간의 무게를 뛰어넘을 만한 문화적 콘텐츠나 스토리가 명확하지 않았다. 이에 반해 일본의 경우, 1980~90년대에 이세이 미야키나 와다나베 준코 같은 사람들이 인터내셔널 디자이너로 럭셔리 브랜드를 발표해 큰 성공을 거두었다. 일본이라는 사회의 문화적인 성숙도가 있어서 가능한 부분이었다. 일본의 산업제품, 도요타와 소니가 일본이 명품을 만들 수준이라는 국가적인 지명도를 만들어주었고, 이미 오래전부터 유럽 사회에 전해진 일본 전통문화의 힘도 컸다. 18세기 유럽지역에 아프리카의 커피문화가 들어옴과 동시에 손잡이 달린 노란색, 초록색, 빨간색의 채색 자기 역시 급격하게 전파됐는데, 이를 만들어 공급한 게 일본이었다. 일본은 오래전부터 유럽에 자신들이 문화적인 유산이 있는 나라라는 인식을 잘 심어준 셈이다.

박은관 회장은 이제 우리나라도 그 '때'가 되었다고 말한다. 현재 우리나라는 불과 5~6년 전과는 비교할 수 없을 정도로 국가적 위상이 높아졌다. 물론 이와 더불어 문화적으로도 훨씬 더 성숙해졌다. 한국을 대표하는 삼성과 현대는 이미 글로벌 산업을 이끄는 주역이 되었을 뿐만 아니라, 문화적 측면에서도 세계 영화제에서 몇 차례의 작품상과 여우주연상을 거머쥐는 등 뛰어난 모습을 보였다. 그뿐만 아니다. 열풍이라고까지 표현되는 한류의 인기는 중국, 일본 등 동남아를 넘어 이제 전 세계를 향해 뻗어 가고 있고 K-POP의 무서운 성장 역시 세계인들의 주목을 한몸에 받고 있다.

이와 더불어 우리 선조들의 문화적 행보 역시 재평가되고 있다. 한국 청자와 백자가 서구에서 재평가되고 일본 자기의 원류가 임진왜란 때 납치된 조선 도공이라는 사실이 알려지면서 한국 문화에 대한 평가가 높아지고 있다.

한편, 올림픽과 월드컵에서도 끊임없는 훈련, 놀라운 지구력과 끈기로 전 세계 중 높은 순위에 오르는 등 한국이라는 국가의 이미지가 높아지고 있다. 이제는 한국이라 하면 떠오르는 콘텐츠가 많이 생겨났다. 우선 삼성의 스마트폰, 현대 기아 자동차, 축구천재 박지성, 피겨의 여왕 김연아, 다수의 한류 배우들과 최근에는 말춤으로 세계인들을 하나로 만든 K-POP 스타 싸이 등이 좋은 예이다. 이외에 수면 위에 아직 올라오지 않은 숨은 인재와 기업들이 부상하기 위해 준비 중이다. 명품 패션계의 시몬느처럼 말이다.

조상부터 내려오는 성실함과 끈기로 세계 어느 나라에서도 살아남을 수 있다는 한국인들의 노력의 결과가 이제 서서히 보이기 시작하고 있다. 당연히 패션시장도 마찬가지다. 프랑스의 제조기지에 불과했던 이탈리아가 현재는 명품 브랜드의 대표 국가로 인정받은 것처럼, 그들의 아시아 제조기지로서 30년 이상 명품 핸드백 제조업을 일궈온 시몬느가 앞으로 한국 명품 브랜드의 첫 주인공이 될 것이다.

문화적 성숙과 더불어 우리나라가 가진 가장 든든한 배경은 풍부한 디자인 인력이다. 약 15년 전부터 전 세계 유명 디자인스쿨 학생의 25%가 한국 학생들이다. FIT, 파슨스, 세인트 마틴, RCA가 모두 그렇다. 그 학교들은 한국 학생 비율을 줄이는 게 가장 큰 골칫거리가 되었다. 실력이 좋아서 들어온 학생들을 억지로 불이익을 줘서 비율을 줄일 수도 없으니 골치가 아픈 것이다.

박은관 회장이 처음 패션을 알기 시작했던 30년 전에는 디자인업계에 3대 커넥션이 있었다. 이탈리아 커넥션, 프렌치 커넥션, 브리티시 커넥션 등이다. 그러나 지금은 코리아 커넥션이 제일 크다. 전 세계 옷, 핸드백 브랜드사에 한국 디자이너 두세 명 정도는 기본이다. 현재 그들이 크게 눈에 띄지 않는 것은 아직 스타 디자이너가 없기 때문이다. 하지만 이제는 스타 디자이너가 나올 때가 됐다. 최근 들어 시몬느에 입사하는 디자이너들의 면면이나, 해외 유명 브랜드 회사의 디자이너 중에 한국인이 차지하는 비중을 보면 그 믿음이 결코 환상이 아님을 알 수 있다. 적어도 몇 년 안에 럭셔리 브랜드를 총괄하는 한국 디자이너가 나올 가능성이 높다.

명품을 만드는 장인 DNA

50대 후반, 보통 사람들 같으면 노후를 준비해야 할 시기이지만 박은관 회장은 다시 새로운 목표를 설정하고 그것을 향해 나아가고 있다. 그런데 그 걸음에서 결코 조급함이 느껴지지 않는다. 20년이 걸리든, 혹은 그 이상의 시간이 걸리든 반드시 세계적인 명품 브랜드를 만들어내겠다는 자신의 목표를 향해 한 걸음씩 차근차근 나아가고 있다. 명확한 목표 앞에서 그가 조급해하지 않을 수 있는 것은 '시간의 무게'에 대한 아버지의 가르침 덕분이다.

박은관 회장의 부친인 박창래 씨는 집안의 정원을 가꾸는 데 많은 노력을 기울였다. 그 세월이 무려 60년이나 된다. 박은관 회장은 어린 시절부터 부친이 정원을 가꾸는 모습을 보면서 기다림의 이유, 기다림의 보상, 기다림의 힘을 배웠다.

"아무리 몇천만 원을 주고 잘생긴 소나무를 사서 정원에 심어도 그 소나무가 진정한 멋을 갖추고 정원의 운치를 내려면 최소한 7년에서 10년은 기다려야 한다. 뿌리 내리고, 새순이 나고, 그 밑에 있는 바위에 이끼가 앉으려면 최소 이 정도의 시간이 걸린다. 그러니 무슨 일이든 장기적인 계획을 세우고 추진해라. 돈으로 시간의 무게를 사려는 어리석은 짓은 하지 마라."

아버지는 자식들에게 세상에 돈으로 살 수 없는 게 시간의 무게라고 가르쳤다. 이런 부친의 가르침은 박은관 회장에게 많은 깨달음을 주었다. 0914가 세계적인 명품 브랜드와 경쟁하기 위해서는 시간이 필요하다는 것, 바위에 이끼가 앉기까지의 기다림이 필요하다는 것을 알게 되었다.

명품 핸드백 브랜드가 시장에서 제대로 자리 잡기까지 보통 수십 년의 세월이 걸린다. 더군다나 시장에는 이미 쟁쟁한 명품 브랜드들이 쌓은 굳건한 성이 존재한다. 박은관 회장은 단숨에 유럽 브랜드를 넘어설 수 없다는 것을 잘 안다. 그러나 노력의 시간이 계속되다 보면 길이 열리고 목표를 달성할 수 있다는 것을 믿는다. 그는 다음 세대를 위해 나무를 심는 노인의 마음처럼 그 기다림의 시간마저 즐긴다. 노력의 결실로 맺힌 열매를 볼 수 있다면 더없이 좋겠지만 설령 그러지 못한다고 해도 탄탄하게 뿌리를 내려놓은 것만으로도 충분히 만족할 수 있다. 박은관 회장은 그 뿌리가 건강하게 잘 뻗어 갈 수 있도록 시몬느라는 조직 내에 장인의 DNA를 심는 것에 주력하고 있다.

명품을 만드는 기본은 그것을 만드는 이의 손끝에 담긴 정성과 이마에 맺힌 땀방울이다. 이것이 바로 장인 DNA이다. 박은관 회장은 비록 직접 핸드백을 만들지는 못하지만 장인정신만큼은 분명하게 가지고 있다. 기본적으로 세계에서 가장 훌륭한 핸드백을 만들어야 한다는 생각을 하고, 이런 정신이 시몬느의 조직 곳곳에 스며들어 살아 숨 쉬고 있다. 시몬느가 세계에서 핸드백을 가장 잘 만드는 회사가 된 것은 단순히 '일등주의'를 외쳐서가 아니라 일등 제품을 만들 수 있는 분위기와 문화를 만들었기 때문이다. 박은관 회장은 모든 패션 제품의 기본은 3W$^{\text{well-designed, well-made, well-priced}}$이며, 이것이 조직의 멘털리티가 되어야 한다고 말한다. 또한 아무리 힘들어도 재료를 직접 구해서 다듬고, 정교하게 깎아내서 번듯하게 내놓는 것이 장인의 자세라고 믿는다. 개발된 제품을 하나씩 직접 본인의 눈으로 점검하는 것은 3W을 만족시키는 훌륭한 결과물을 내놓고 싶은 마음 때문이다. 세상에서 가장 훌륭한 제품을 만들려는 끝없는 노력이 바로 명품을 만드는 장인의 DNA다.

● 바늘 한 땀에 땀 한 방울

시몬느에서 1년 동안 개발하는 신제품 개수는 무려 6000개나 된다. 지난 27년 동안 자체 개발한 스타일은 17만 개가 넘는다. 나올수 있는 것은 다 나와서 더 만들 수 있는 스타일이 있을까 걱정될 정도이다. 실제로 브랜드사 디자이너가 신규 스타일이라며 100가지를 가지고 오면 그중에 98가지는 이미 시몬느가 비슷한 스타일들을 보유하고 있다. 이처럼 시몬느는 자타가 공인하는 최고의 명품 핸드백

ODM 업체에서 이제 본격적인 OBM 회사로 변신을 시도하고 있다. 하지만 결코 자만하는 법이 없다. 명품을 만드는 업체답게 한 땀 한 땀의 정성과 한 방울 한 방울의 노력을 가장 귀하게 여긴다. 그래서 서두르거나 욕심내지 않는다. 바늘 한 땀에 땀 한 방울을 흘리며 천천히 가려고 한다. 명품을 가장 명품답게 만드는 능력은 다름 아닌 '정성'임을 잘 알기 때문이다.

박은관 회장은 OBM 회사로의 도전이 쉽지 않은 길임을 잘 안다. 제품력에서도 결코 자만할 수 없다. 명품 핸드백 ODM 업체로서는 최고의 위치에 있지만 OBM 회사로 인정받는 것은 어쩌면 전혀 다른 차원의 전쟁이 될 수 있다. 세계 명품시장에서 독보적인 위치에 있는 브랜드들의 경우 누구도 흉내 낼 수 없는 그들만의 '땀방울'이 있다. 특히 명품 브랜드 중 유일하게 모든 제품을 직접생산 방식으로 제조하는 '장인정신의 대명사' 에르메스는 최강의 상대라고 해도 과언이 아니다.

에르메스는 오늘날 가장 고집 세고 완성도 높은 명품 브랜드로 손꼽힌다. 특히 수년을 기다려야 살 수 있다는 에르메스의 백은 만들어지는 과정부터 다른 브랜드는 감히 따라 할 엄두도 내기 어려운 엄격한 과정을 거치는 것으로 유명하다. 예술로 불리는 에르메스의 정신은 175년간 변함없이 전 과정이 수작업으로만 이루어지는 완벽한 장인정신에서 비롯된다. 또한 다른 명품 브랜드들과 달리 프랑스 현지에서 모든 작업이 진행되며, 아무리 숙련된 장인이라 할지라도 에르메스 공방 교육과정에서 최소 4만 3000시간을 연습해야만 비로소 가방제작에 투입될 수 있다.

에르메스 장인정신의 대표라 할 수 있는 가죽제품은 하나당 한 사람의 장인에 의해 전 과정이 이루어진다. 가방 하나는 18~22시간에 걸쳐 완성되고 장인 1인당 2주일에 세 개 정도 만든다. 완성된 제품에는 장인의 데스크 번호와 제작된 해가 찍히기 때문에 수년, 혹은 수십 년 후에 고객이 수선이나 부분 교환을 원할 때 그 가방이 제작된 데스크 번호로 배달되는 '평생 책임 제도'로 운영된다. 이로 인해 프랑스에서는 에르메스 가방을 대를 물려 사용하는 경우가 많다.

박은관 회장은 비록 에르메스처럼 전 과정을 수작업으로 제작할 수는 없지만, 한 땀 한 땀에 정성과 땀을 쏟는 시몬느의 장인정신만큼은 에르메스의 그것과 다르지 않다고 믿는다. 또한 시몬느의 첫 브랜드 0914가 가격은 합리적일지라도 정성만큼은 절대 합리적이어서는 안 됨도 잘 알고 있다. 머지않아 명품시장에서 진검승부를 펼쳐야겠지만, 전 제품의 직접생산 방식을 고집하는 에르메스의 장인정신과 품격만큼은 시몬느가 지속적으로 추구해나가야 할 정신임이 분명하다.

한편, 에르메스와 같은 유럽 명품 브랜드들의 장벽이 높고 견고한 것은 분명하지만 그렇다고 해서 결코 주눅이 들 이유는 없다. 시몬느 역시 그들 못지않은 실력과 노력으로 당당히 맞설 준비를 하고 있다. 새롭게 출시될 브랜드 0914 핸드백의 특징은 Authentic(순수한 소재), Rustic(정제되지 않은 자유로움), Artisan Craftmanship(장인정신) 이 세 가지로 정의할 수 있다. 0914의 모든 제품은 천연소재를 사용한다. 핸드백의 주 소재인 가죽 또한 화학 성분의 크롬 무두질Chrome Tanning이 아닌 천연 식물 무두질Vegetable Tanning을 한 가죽만을 사용하며 폴리에스터, 나이론 같은 화학섬유보다는 마, 면과 같은 천연섬유를 사용한다. 그리고 기존의 많은 핸드백처럼 정해진 규격과 스타일에 정확히 디자인된 핸드백이 아닌 다소 정제되지 않은 자유로운 스타일이 0914의 기본 특징이다. 무엇보다도 장인정신이 많이 돋보이는 0914 핸드백은 어디서도 볼 수 없는 독특한 디테일을 가지고 있으며 핸드 스티칭Hand Stitching과 같은 장인의 손끝에서 마무리되고 완성된 콘셉트의 핸드백이다. 보면 볼수록, 써보면 써볼수록 0914 장인들의 세련된 감각을 느낄 수 있도록 기획하고 있다. 27년 동안 세계 명품 브랜드의 핸드백을 만들어온 노하우가 총 집약된 만큼 그들보다 나은, 그리고 그들과는 다른 시몬느만의 작품이 탄생할 것임을 확신한다.

히든 챔피언에서 진짜 챔피언으로

유럽의 '피터 드러커'라 불리는 독일의 경영학자 헤르만 지몬^{Hermann} Simon은 2008년 『히든 챔피언^{Hidden champions des 21. Jahrhunderts}』이란 책을 발표했다. 잘 알려지진 않았지만 각 분야에서 세계시장 점유율 1~3위를 차지하고 있는 독일 기업들을 찾아내 책에 소개했다. 그는 자신의 책에서 그 회사들의 공통점을 여덟 가지로 분석했다. 그 조건에 절묘할 정도로 잘 들어맞는 국내 기업이 바로 시몬느다.

헤르만 지몬이 이야기한 히든 챔피언 기업들의 여덟 가지 조건 중에 정량적인 부분은 세 가지이다. 세계시장에서 1~3위를 차지하거나 대륙에서 1위를 차지한 기업, 연 매출액 40억 달러 이하인 기업, 업력이 평균 60년 이상 되는 기업이라는 점이다. 시몬느는 전 세계 핸드백 제조 기업 중 매출에서 단연 1위를 차지하고 있고, 연 매출액은 6.4억 달러 수준으로 그 기준에 적합하다. 평균 업력만 아직기준에 못 미친다. 그러나 독일과 달리 한국은 본격적인 산업화가 1970년대 이후에 이루어졌다는 점을 감안해야 한다.

히든 챔피언 기업의 나머지 다섯 가지 조건은 정성적인 부분이다. 한 분야에서 최고 전문 기업을 추구하면서 세계화에 공을 들인다는 점, 아웃소싱을 하고 있지만 연구개발을 비롯한 핵심역량은 직접 수행한다는 점, 고객 친밀성이 높아 VIP 고객들과 밀접한 관계를 구축한다는 점, 직원에게 일체감과 동기를 부여하는 기업문화를 가지고 있으며 경영자는 기본가치를 중시하고 장기 재직하는 경우가 많다는 점, 단기 투자보다는 중장기 전략을 중시한다는 점까지 총 다섯 가지이다.

정성적인 부분을 좀 더 구체적으로 살펴보면, 우선 시몬느는 지금까지 오직 핸드백 한 가지에만 집중하면서 독보적인 기술로 세계적인 경쟁력을 만들어냈다. 한눈팔지 않고 집중화 전략을 써온 것이다. 보통 한 아이템에 집중하다 보면 갈수록 시장에서 차지하는 비중이 작아지거나, 내수에 집중했다면 축소되는 시장규모 때문에 도태되는 경우가 많은데 시몬느는 애초에 세계화 전략을 펴서 규모의 위기 없이 성공적으로 경영을 유지해왔다. 시작부터 세계를 시장으로 삼았던 점이 주효했다.

두 번째, 시몬느는 처음부터 단순 OEM을 거부하고 상품 기획이나 개발에 참여해 ODM을 거쳐 풀 서비스 컴퍼니로 성장하는 성과를 거두었다. 만일 단순 OEM에 머물러 있었다면 지금과 같은 성과를 거두기는 어려웠을 것이다.

세 번째, 시몬느의 오너이자 경영자인 박은관 회장이 해외 핸드백 시장의 클라이언트들과 오랫동안 긴밀한 관계를 유지해온 점도 히든 챔피언 조건과 정확하게 일치하는 부분이다. 박은관 자체가 이미 세계 핸드백업계의 유명인사이기도 하지만, 30년 이상 인연으로 친구처럼 지내는 해외 패션업계 지인들은 대부분 유명 명품 기업의 결정권자들이다. 어려운 문제를 쉽게 해결할 수 있는 네트워크가 형성돼 있다.

네 번째, 사람과 문화를 중시하는 기업문화가 뿌리내렸다는 점을 들 수 있다. 박은관 회장은 기본적으로 인문학적인 삶이 몸에 밴 인물이다. 직원들의 가치를 소중하게 여길 줄 안다. 기술자들에게 업계 최고 대우를 해주는 것이나, 모든 직원에게 회사 업무를 모두 파악할 기회를 주는 것은 직원을 기업의 미래로 생각하는 마음에서 비롯되었다. 이렇게 기업의 오너가 사람을 중요하게 여기다 보니 시몬느에는 훌륭한 인재들이 계속 모여들고 있다. 일만 열심히 한다고 성공하는 기업은 없다. 성공 뒤에는 반드시 문화가 있다.

다섯 번째, 시몬느는 단기 성과에 집착하지 않고 중장기적인 안목으로 사업을 추진해왔다. 중국, 인도네시아, 베트남에 공장을 만들어놓고 아시아의 명품 핸드백 제조 시대를 준비한 것 등이 대표적인 사례이다. 세계 시장에서 글로벌 기업들과의 경쟁을 통해 성장한 점, 제작비에서 손해를 보더라도 품질을 완벽하게 구현해내 신용을 지킨 점 등도 장기적인 경영 전략으로 평가할 수 있다.

마지막으로, 시몬느에는 지몬이 『히든 챔피언』에서 언급하지 않은 강점이 한 가지가 더 있다. 바로 박은관 회장의 '열린 자세'이다. 그는 다른 사람의 이야기를 참 열심히 받아들인다. 누구의 이야기든 최대한 받아들인다. 이 태도가 시몬느 성장에 결정적인 역할을 했다. 창업을 한 것도, 생산 시스템을 발 빠르게 전환한 것도, 전 세계 지인들 의견을 실시간으로 받아들인 결과다. 그의 귀는 지금도 크게 열려 있다.

히든 챔피언들은 소수 독점 시장을 형성하고 있는 경우가 많다.

게다가 상당한 경쟁을 통해 생존한 기업은 혁신을 바탕으로 해서 진입 장벽이 상당히 높다. 후발 주자들이 전혀 따라올 수 없는 시장구조를 만들어놓는 것이다. 그래서 독점적이고 수익성이 높다. 현재 시몬느의 위치가 바로 그렇다. 실제로 2012년 7월, 한국 수출입은행이 선정한 한국형 히든 챔피언 7개 사 중 시몬느가 1위로 선정되었다. 한국형 히든 챔피언의 조건은 수출 3억 달러 이상이고 세계시장 점유율 5위 이내이거나 매출 1조 원 이상이면서 수출 비중이 50% 이상인 중견기업이다.

그동안 대한민국 경제는 "역동적이지만 다양성이 부족하다"는 평가를 받아왔다. 이런 판단은 우리 산업을 평가절하하려는 해외의 편협한 시선 때문만은 아니다. 글로벌 경쟁력을 갖춘 삼성전자, 현대자동차, LG전자 등은 모두 '전차 군단'이다. 세계 1위라는 조선 분야 역시 중공업 분야일 뿐이다. 큰 것, 눈에 띄는 산업에 전력을 다한 결과이다.

독일의 브라운이나 미국의 P&G처럼 생활 아이템으로 세계시장을 주도하고 있는 기업들을 보면 부러울 때가 있다. 면도기나 화장품처럼 작은 것을 만들다 보니 짧은 생각으로는 '그거 팔아서 얼마나 남겠어?' 싶기도 하지만, P&G 그룹만 해도 기업의 시가총액이 2012년 말 기준으로 1800억 달러이다. 사상 최고가를 계속 경신하는 삼성전자의 2000억 달러와 별반 차이가 나지 않는다. 안타깝게도 우리에겐 그런 회사가 없다.

대표적인 라이프 스타일 아이템인 패션 분야도 마찬가지이다. 제일모직, LG패션 등 대기업이 주도하는 패션 기업들은 연 매출 1조 원을 쉽게 넘기며 거대 기업의 면모를 자랑하고 있지만, 이는 대부분 내수에서 일군 매출로 세계 시장에서의 활약은 미미하다. 루이 뷔통으로 잘 알려진 글로벌 패션 그룹 LVMH의 1년 매출은 30조 원 이상으로 우리 기업들과 비교가 안 된다.

그동안 우리 기업이 라이프 스타일 아이템에서 큰 성과를 내지 못한 것은 나름대로 이유가 있다. 세계시장에서 경쟁력을 가지려면 단순히 자본이나 기술력만으로는 어렵다. 원산지 국가의 국민소득, 문화 수준, 제품이 생산될 만한 역사적인 배경이 있어야 한다. 그동안 우리는 그 수준에 이르지 못한 측면이 있다. 하지만 앞으로는 다를 것이다. 산업, 경제, 문화 등 전반적으로 대한민국이라는 국가 이미지가 많이 올라왔다. 또한 대한민국 전자나 자동차 브랜드가 고급스러운 이미지를 갖기 시작한 것처럼 우리의 라이프 스타일 품목들도 이미지가 차츰 개선되고 있다.

이제는 우리나라에서도 세계적인 라이프 스타일 기업이 나올 때가 되었다. 이런 요구는 시간이 지날수록 간절해질 가능성이 높다. 미국이나 일본이 그랬듯이, 산업 발전의 양상으로 볼 때 머지않은 미래에 우리가 믿고 있는 전기나 전자, 자동차 산업이 한계에 부딪힐 가능성이 높기 때문이다.

그 시장에 진입하기 위해서는 무엇보다도 역사와 스토리가 필요하다. 오랜 기간 한 품목을 집중적으로 노력한 스토리가 있어야 하고, 그 결과물로 독보적인 기술이나 시스템을 가지고 있어야 한다. 지금은 보이지 않지만 우리에게도 잠재력을 갖춘 기업이 존재하고 있다. 대표적인 기업이 바로 시몬느다.

시몬느는 1987년 바닥에서 출발해 26년이 지난 2013년, 6.4억 달러가 넘는 매출을 기록했다. 본사 직원만 230명이고, 중국 베트남 등 아시아 여섯 개 생산기지에 2만 명 이상의 직원이 있다. 그리고 세계 명품 핸드백의 10%를 만들고 있으며 성장 속도는 연평균 20% 이상이다. 끝이 어디일지 모를 정도로 성장세가 가파르다. 이 추세라면 히든 챔피언에서 진짜 챔피언으로 성장해 세계 시장에 우뚝 설 날이 머지않았다.

명품 핸드백 제조회사로 최고의 실력을 갖춘 것이 시몬느의 전반전이라면 이제 시몬느는 전반전에 갈고닦은 실력을 바탕으로 진짜 챔피언이 되기 위해 무대 위에 올랐다. 그 시작이 자체 브랜드 출시이다. 얼마 전 0914라는 자체 브랜드를 내놓으며 세계 최고의 핸드백 제조 기술에 브랜드라는 옷을 입히는 작업 중에 있다. 제조업이 걸어갈 수 있는 마지막 스텝을 밟고 있는 셈이다.

20년이 필요할지, 그 이상이 필요할지 모른다. 하지만 시몬느가 자신들의 브랜드로 세계 패션 시장에 우뚝 서는 날, 그날이 바로 우리나라 대표 산업이 라이프 스타일 품목으로 전환하는 역사적인 순간이 될 것이다. 이는 곧 27년 전 박은관 회장이 세계 명품시장을 향해 던졌던 외침, "우리는 왜 안 되는가? 당신과 내가 처음 시작하는 사람이 되지 못할 이유가 무엇인가?"에 대한 답을 찾는 순간이기도 하다.

KI신서 5566

Why not us?

시몬느 스토리

1판 1쇄 발행 2014년 4월 18일
1판 3쇄 발행 2014년 6월 2일

지은이 유효상
펴낸이 김영곤 **펴낸곳** (주)북이십일 21세기북스
부사장 임병주 **이사** 이유남
책임편집 한성근 남연정 이경희 **디자인** 네오북
영업본부장 이희영 **영업** 권장규 정병철
마케팅1본부장 안형태 **마케팅1본부** 최혜령 김홍선 강서영 이영인
출판등록 2000년 5월 6일 제10-1965호
주소 (우 413-120) 경기도 파주시 회동길 201(문발동)
대표전화 031-955-2100 **팩스** 031-955-2151 **홈페이지** www.book21.com
이메일 book21@book21.co.kr **블로그** b.book21.com
트위터 @21cbook **페이스북** facebook.com/21cbooks

ISBN 978-89-509-5508-3 (03320)
책값은 뒤표지에 있습니다.